Impressum
Verlag: BABADADA GmbH, Nedderfeld 112 , 22529 Hamburg
Geschäftsführer / Verlagsleitung: Harald Hof
Druck: Books on Demand GmbH, In de Tarpen 42, 22848 Norderstedt

Imprint
Publisher: BABADADA GmbH, Nedderfeld 112 , 22529 Hamburg, Germany
Managing Director / Publishing direction: Harald Hof
Print: Books on Demand GmbH, In de Tarpen 42, 22848 Norderstedt

# σχολείο

تقسیم کردن
**διαιρώ**

186/2

کلاس درس
**σχολική τάξη**

حیاط مدرسه
**σχολική αυλή**

تخته
**πίνακας**

معلم
**δάσκαλος**

کاغذ
**χαρτί**

نوشتن
**γράφω**

خودکار
**στυλό**

میز تحریر
**γραφείο**

خط کش
**χάρακας**

کتاب
**βιβλίο**

دانش آموز
**μαθητής**

کیف مدرسه
σχολική τσάντα

جامدادی
κασετίνα/ μολυβοθήκη

مداد
μολύβι

تراش
ξύστρα

پاک کن
γόμα

دفتر رسم
μπλοκ ζωγραφικής

طراحی
ζωγραφική

قلم مو
πινέλο

جعبه ی آبرنگ
κουτί χρωμάτων

قیچی
ψαλίδι

چسب
κόλλα

کتاب تمرین
τετράδιο ασκήσεων

تکلیف خانه
εργασία για το σπίτι

**12**

رقم
αριθμός

**2+2**

جمع کردن
προσθέτω

**5-2**

تفریق کردن
αφαιρώ

**2×2**

ضرب کردن
πολλαπλασιάζω

محاسبه کردن
υπολογίζω

**A**

حرف الفبا
γράμμα

**ABCDEFG HIJKLMN OPQRSTU VWXYZ**

الفبا
αλφάβητο

**hello**

کلمه
λέξη

متن
............
κείμενο

خواندن
............
διαβάζω

گچ
............
κιμωλία

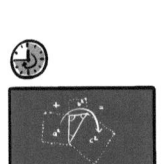

درس
............
μάθημα

ثبت نام
............
εγγράφομαι

امتحان
............
τεστ

مدرک رسمی
............
πιστοποιητικό

لباس مدرسه
............
μαθητική στολή

تحصیلات
............
εκπαίδευση

دانشنامه
............
εγκυκλοπαίδεια

دانشگاه
............
πανεπιστήμιο

میکروسکوپ
............
μικροσκόπιο

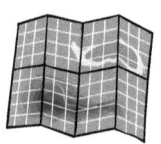

نقشه
............
χάρτης

سبد کاغذ باطله
............
καλάθι αχρήστων

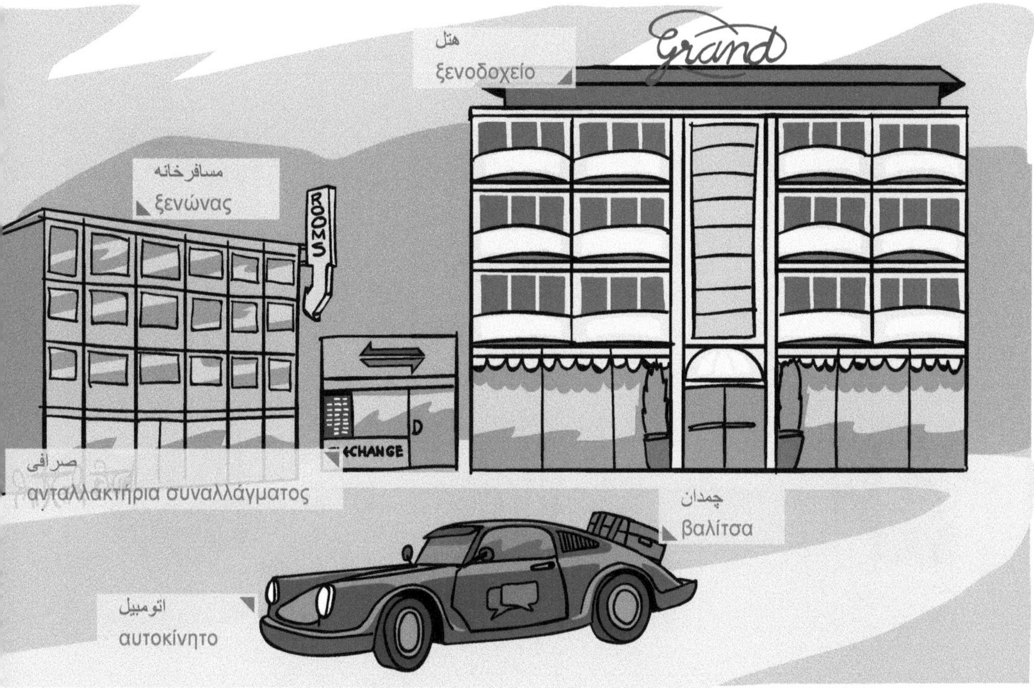

Grand
هتل
ξενοδοχείο
مسافرخانه
ξενώνας
ROOMS
EXCHANGE
صرافی
ανταλλακτήρια συναλλάγματος
چمدان
βαλίτσα
اتومبیل
αυτοκίνητο


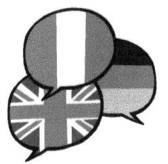

زبان

γλώσσα

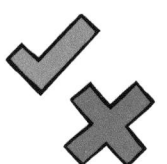

بله / خیر

ναι / όχι

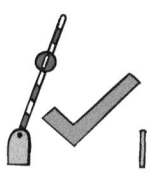

اُکی

εντάξει

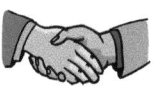

سلام

γεια σου

مترجم

μεταφραστής

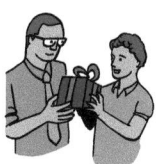

ممنون

Ευχαριστώ

قیمت ... چه قدر است؟

πόσο κάνει ;

من متوجه نمی شوم

Δε καταλαβαίνω

مشکل

πρόβλημα

عصر بخیر! / شب بخیر!

Καλησπέρα!

صبح بخیر!

Καλημέρα!

شب بخیر!

Καληνύχτα!

خداحگهدار

Αντίο

جهت

κατεύθυνση

بار سفر

αποσκευές

کیف

τσάντα

کوله پشتی

σακίδιο πλάτης

مهمان

καλεσμένος

اتاق

δωμάτιο

کیسه خواب

υπνόσακος

خیمه

σκηνή

مرکز راهنمای گردشگران

τουριστικές πληροφορίες

ساحل

παραλία

کارت اعتباری

πιστωτική κάρτα

صبحانه

πρωινό

ناهار

μεσημεριανό

شام

δείπνο

بلیط

εισιτήριο

آسانسور

ανελκυστήρας

مهر

γραμματόσημο

مرز

σύνορα

گمرک

τελωνείο

سفارتخانه

πρεσβεία

ویزا

βίζα

گذرنامه

διαβατήριο

سفر - ταξίδι

# حمل و نقل

# μεταφορά

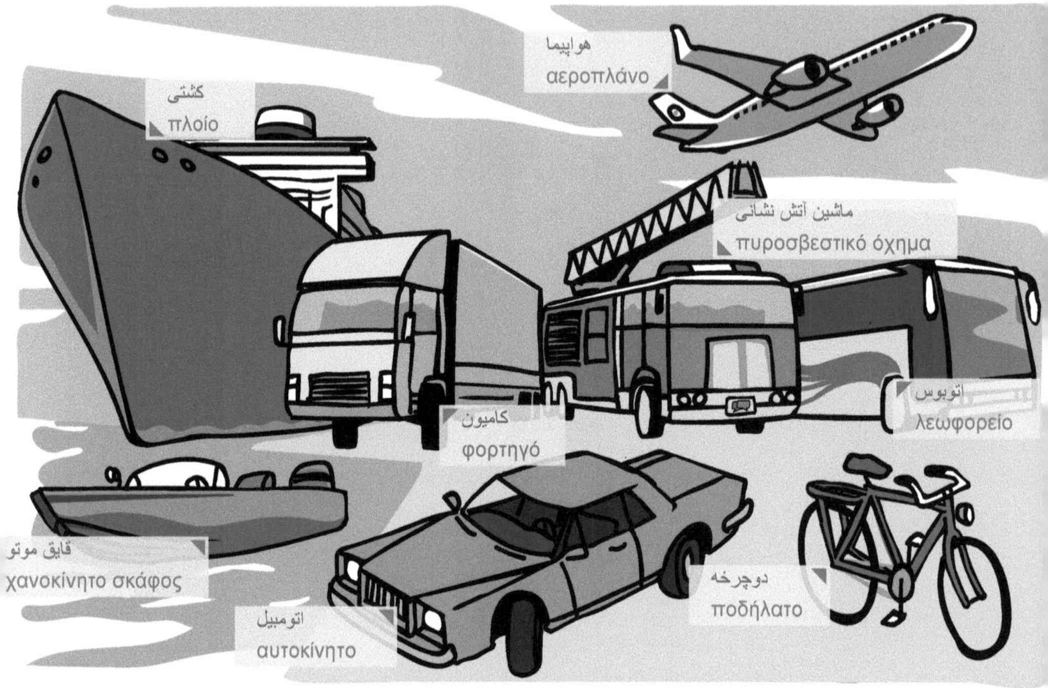

هواپیما
αεροπλάνο
کشتی
πλοίο
ماشین آتش نشانی
πυροσβεστικό όχημα
اتوبوس
λεωφορείο
کامیون
φορτηγό
قایق موتو
χανοκίνητο σκάφος
دوچرخه
ποδήλατο
اتومبیل
αυτοκίνητο


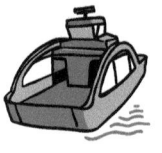

کشتی مسافربری

φεριμπότ

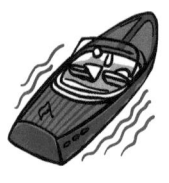

قایق

βάρκα

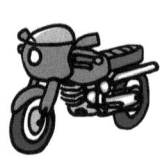

موتورسیکلت

μοτοσικλέτα

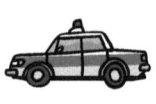

ماشین پلیس

περιπολικό

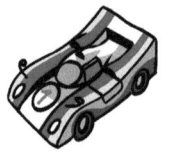

ماشین مسابقه

αγωνιστικό αυτοκίνητο

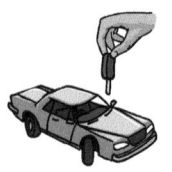

ماشین کرایه ای

ενοικιαζόμενο αυτοκίνητο

به اشتراک گذاری اتوموبیل
διαμοιρασμός αυτοκινήτων

جرثقیل
γερανός

ماشین حمل زباله
απορριμματοφόρο

موتور
κινητήρας

بنزین
καύσιμο

پمپ بنزین
βενζινάδικο

تابلو راهنمایی و رانندگی
πινακίδα σήμανσης

عبور و مرور
κυκλοφορία

ترافیک
κυκλοφοριακή συμφόρηση

پارکینگ
χώρος στάθμευσης

ایستگاه قطار
σιδηροδρομικός σταθμός

ریل راه آهن
σιδηροδρομικές γραμμές

قطار
τρένο

قطار برقی
τραμ

واگن
βαγόνι

هلیکوپتر

ελικόπτερο

فرودگاه

αεροδρόμιο

برج

πύργος

مسافر

επιβάτης

کانتینر

εμπορευματοκιβώτιο

کارتن

χαρτοκιβώτιο

گاری

καρότσι

سبد

καλάθι

به پرواز درآمدن / فرود آمدن

απογειώνομαι /
προσγειόνομαι

## شهر

## πόλη

دهکده

χωριό

مرکز شهر

κέντρο της πόλης

خانه

σπίτι

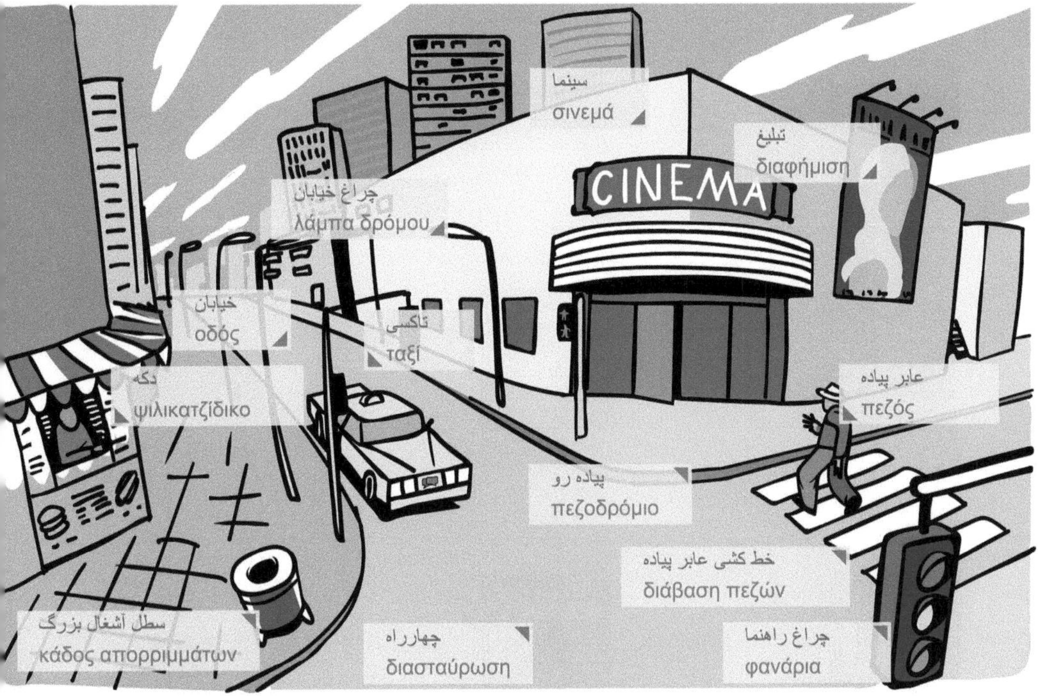

سینما
σινεμά

تبلیغ
διαφήμιση

چراغ خیابان
λάμπα δρόμου

خیابان
οδός

تاکسی
ταξί

دکه
ψιλικατζίδικο

**CINEMA**

عابر پیاده
πεζός

پیاده رو
πεζοδρόμιο

خط کشی عابر پیاده
διάβαση πεζών

سطل آشغال بزرگ
κάδος απορριμμάτων

چهارراه
διασταύρωση

چراغ راهنما
φανάρια

کلبه
καλύβα

آپارتمان
διαμέρισμα

ایستگاه قطار
σιδηροδρομικός σταθμός

ساختمان شهرداری
δημαρχείο

موزه
μουσείο

مدرسه
σχολείο

دانشگاه

πανεπιστήμιο

بانک

τράπεζα

بیمارستان

νοσοκομείο

هتل

ξενοδοχείο

داروخانه

φαρμακείο

اداره

γραφείο

کتابفروشی

βιβλιοπωλείο

مغازه

κατάστημα

گل فروشی

ανθοπωλείο

سوپرمارکت

σούπερ μάρκετ

بازار

αγορά

فروشگاه بزرگ

πολυκατάστημα

ماهی فروش

ιχθυοπωλείο

مرکز خرید

εμπορικό κέντρο

بندر

λιμάνι

پارک

πάρκο

نیمکت

παγκάκι

پل

γέφυρα

پله

σκάλες

مترو

μετρό

تونل

τούνελ

ایستگاه اتوبوس

στάση λεωφορείου

میخانه

μπαρ

رستوران

εστιατόριο

صندوق پست

γραμματοκιβώτιο

تابلوی خیابان

πινακίδα δρόμου

دستگاه پارکومتر

παρκόμετρο

باغ وحش

ζωολογικός κήπος

استخر شنای عمومی

πισίνα

مسجد

τζαμί

مزرعه

αγρόκτημα

آلودگی محیط زیست

ρύπανση

قبرستان

νεκροταφείο

کلیسا

εκκλησία

زمین بازی

παιδική χαρά

معبد

ναός

## چشم انداز

## τοπίο

برگ — φύλλο

تابلوی راهنمای مسیر — πινακίδα κατεύθυνσης

راه — δρόμος

چمنزار — λιβάδι

سنگ — πέτρα

درخت — δέντρο

راه نورد — πεζοπόρος

رودخانه — ποτάμι

چمن — χορτάρι

گل — λουλούδι

دره

κοιλάδα

تپه

λόφος

دریاچه

λίμνη

جنگل

δάσος

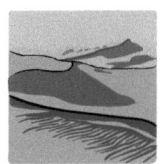

بیابان

έρημος

کوه آتشفشان

ηφαίστειο

قلعه

κάστρο

رنگین کمان

ουράνιο τόξο

قارچ

μανιτάρι

درخت نخل

φοίνικας

پشه

κουνούπι

مگس

μύγα

مورچه

μυρμήγκι

زنبور

μέλισσα

عنکبوت

αράχνη

سوسک

σκαθάρι

قورباغه

βάτραχος

سنجاب

σκίουρος

جوجه تیغی

σκαντζόχοιρος

خرگوش صحرایی

λαγός

جغد

κουκουβάγια

پرنده

πουλί

قو

κύκνος

گراز

αγριογούρουνο

گوزن نر

ελάφι

گوزن شمالی

άλκη

سد آب

φράγμα

توربین بادی

ανεμογεννήτρια

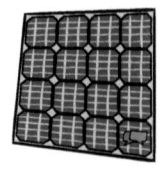

صفحه ی خورشیدی

ηλιακός συλλέκτης

أب و هوا

κλίμα

# رستوران
## εστιατόριο

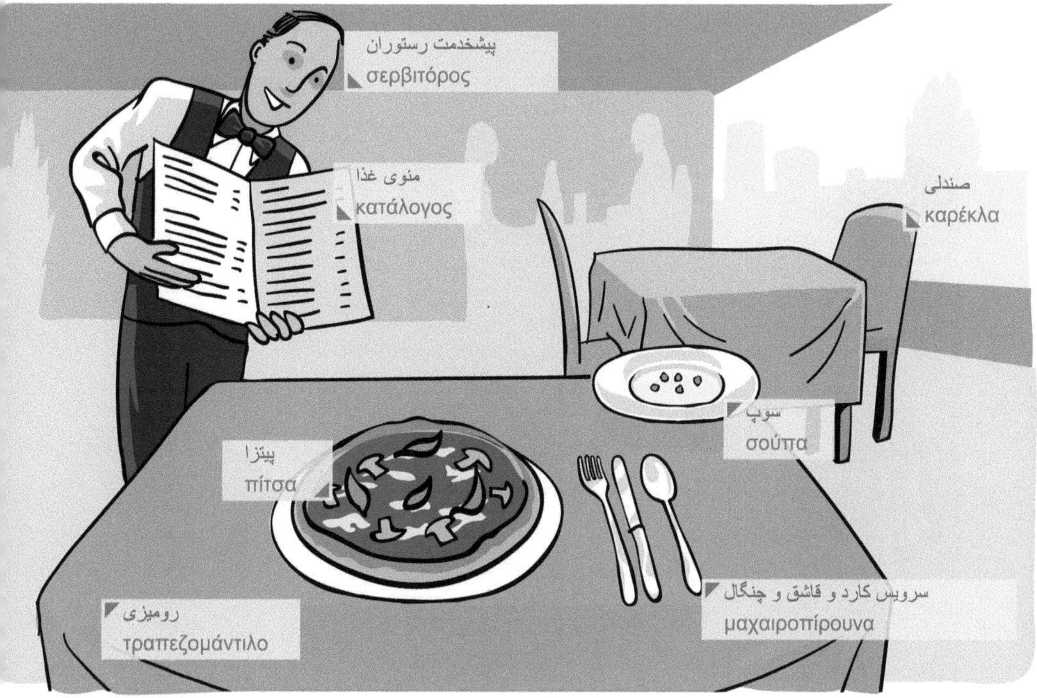

پیشخدمت رستوران
σερβιτόρος
منوی غذا
κατάλογος
صندلی
καρέκλα
سوپ
σούπα
پیتزا
πίτσα
سرویس کارد و قاشق و چنگال
μαχαιροπίρουνα
رومیزی
τραπεζομάντιλο


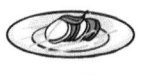

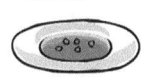

پیش‌غذا
..............
ορεκτικό

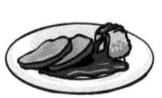

غذای اصلی
..............
κύριο πιάτο

دسر
..............
επιδόρπιο

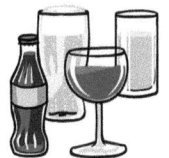

نوشیدنی ها
..............
ποτά

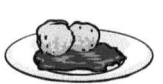

غذا
..............
φαγητό

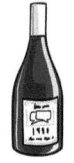

بطری
..............
μπουκάλι

فست فود

φαστ φουντ

اغذیه خیابانی

φαγητό στ' όρθιο

قوری

τσαγιέρα

قندان

δοχείο ζάχαρης

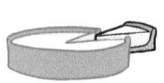

پُرس غذا

μερίδα

دستگاه اسپرسو

μηχανή εσπρέσο

صندلی پایه بلند غذاخوری بچه

ψηλή καρέκλα

صورتحساب

λογαριασμός

سینی

δίσκος

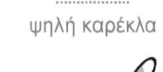

چاقو

μαχαίρι

چنگال

πιρούνι

قاشق

κουτάλι

قاشق چایخوری

κουταλάκι του τσαγιού

دستمال سفره

πετσέτα φαγητού

لیوان

ποτήρι

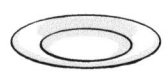

بشقاب

πιάτο

بشقاب سوپخوری

πιάτο σούπας

نعلبکی

πιατάκι φλιτζανιού

سس

σάλτσα

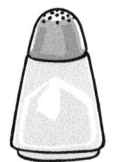

نمکدان

αλατιέρα

فلفل ساب

μύλος για πιπέρι

سرکه

ξύδι

روغن خوراکی

λάδι

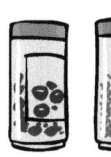

ادویه جات

μπαχαρικά

سس کچاپ

κέτσαπ

سس خردل

μουστάρδα

سس مایونز

μαγιονέζα

# سوپرمارکت

# σούπερ μάρκετ

پیشنهاد ویژه
προσφορά
FOR
مشتری
πελάτης
لبنیات
γαλακτοκομικά προϊόντα
میوه جات
φρούτα
چرخ دستی خرید
καρότσι για ψώνια


BUTCHERS


قصابی

κρεοπωλείο

BAKERY


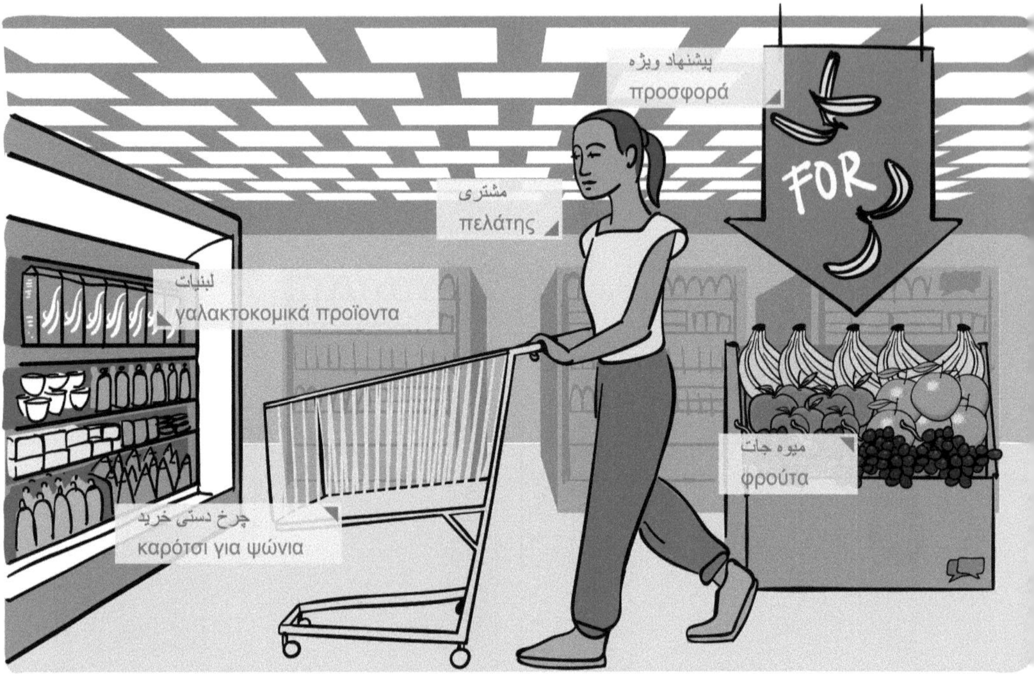

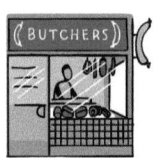

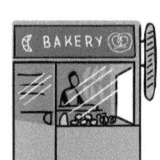

نانوایی

φούρνος

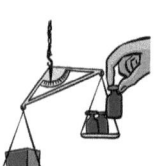

وزن کردن

ζυγίζω

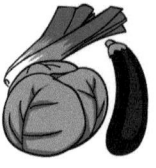

سبزیجات

λαχανικά

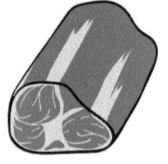

گوشت

κρέας

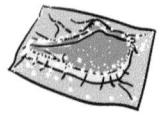

غذای منجمد

κατεψυγμένα τρόφιμα

مخلوطی از انواع کالباس یا پنیر که
ورقه ای بریده شده باشند

αλλαντικά

غذای کنسروی

κονσερβοποιημένη τροφή

پودر لباسشویی

απορρυπαντικό ρούχων

شیرینی جات

γλυκά

لوازم خانگی

οικιακά είδη

ماده شوینده و پاک کننده

καθαριστικά προϊόντα

فروشنده

πωλήτρια

صندوق پرداخت

ταμείο

صندوقدار

ταμίας

لیست خرید

λίστα για ψώνια

ساعات کار

ωράριο λειτουργίας

کیف پول

πορτοφόλι

کارت اعتباری

πιστωτική κάρτα

کیف

τσάντα

کیسه ی پلاستیکی

πλαστική σακούλα

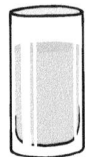

آب

νερό

آبمیوه

χυμός

شیر

γάλα

نوشابه کوکاکولا

κόκα κόλα

شراب

κρασί

آبجو

μπίρα

الکل

αλκοόλ

کاکائو

κακάο

چای

τσάι

قهوه

καφές

قهوه اسپرسو

εσπρέσο

کاپوچینو

καπουτσίνο

موز

μπανάνα

سیب

μήλο

پرتقال

πορτοκάλι

انواع هندوانه و خربزه

πεπόνι

لیمو

λεμόνι

هویج

καρότο

سیر

σκόρδο

نی بامبو

μπαμπού

پیاز

κρεμμύδι

قارچ

μανιτάρι

آجیل

ξηροί καρποί

ماکارونی

νουντλς

اسپاگتی

μακαρόνια

برنج

ρύζι

سالاد

σαλάτα

سیب زمینی سرخ کرده

πατατάκια

سیب زمینی سرخ شده

τηγανητές πατάτες

پیتزا

πίτσα

همبرگر

χάμπουργκερ

ساندویچ

σάντουιτς

شنیتسل

κοτολέτα

ژامبون خوک

ζαμπόν

سالامی

σαλάμι

سوسیس

λουκάνικο

مرغ

κοτόπουλο

نوعی گوشت سرخ شده

ψητό

ماهی

ψάρι

جوی پرک شده

χυλός βρώμης

نوعی صبحانه مخلوطی از برگه ذرت و
میوه های خشک شده و خشکبار که
معمولا با شیر خورده می شود

μούσλι

کورن‌فلکس

κορν φλέικς

آرد

αλεύρι

کرواسان

κρουασάν

نان بروتشن

ψωμάκι

نان

ψωμί

نان تست

τοστ

بیسکویت

μπισκότα

کره

βούτυρο

کشک

τυρόπηγμα

کیک

κέικ

تخم مرغ

αυγό

تخم مرغ نیمرو

τηγανητό αυγό

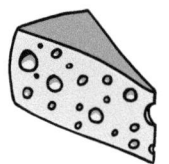

پنیر

τυρί

بستَنى

παγωτό

شكر

ζάχαρη

عسل

μέλι

مربا

μαρμελάδα

كرم شكلاتى بادامى

άλλειμμα σοκολάτας

ادویه کارى

κάρυ

# مزرعه

# αγρόκτημα

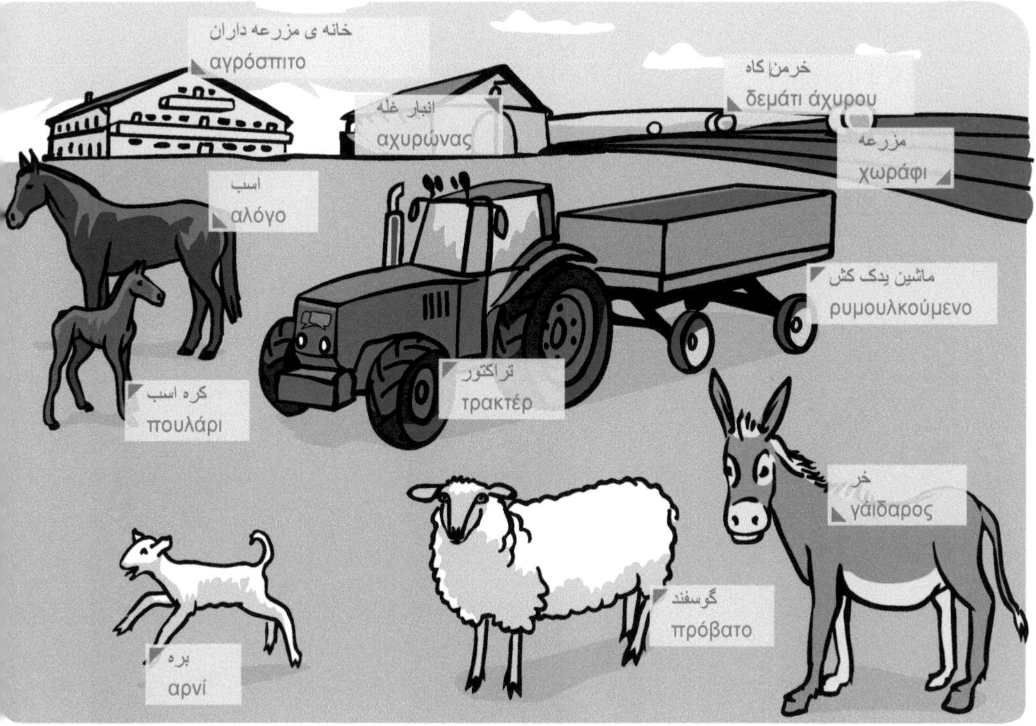

خانه ی مزرعه داران
αγρόσπιτο
انبار غله
αχυρώνας
خرمن گاه
δεμάτι άχυρου
مزرعه
χωράφι
اسب
αλόγο
ماشین یدک کش
ρυμουλκούμενο
تراکتور
τρακτέρ
کره اسب
πουλάρι
خر
γάιδαρος
گوسفند
πρόβατο
بره
αρνί


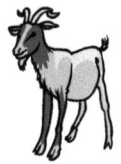

بز

κατσίκα

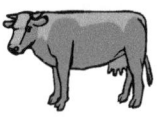

گاو ماده

αγελάδα

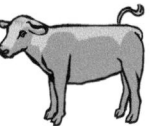

گوساله

μοσχαράκι

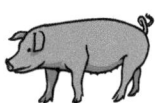

خوک

γουρούνι

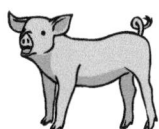

بچه خوک

γουρουνάκι

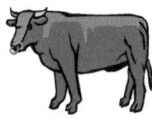

گاو نر

ταύρος

غاز

χήνα

اردک

πάπια

جوجه

κοτοπουλάκι

مرغ

κότα

خروس

κόκορας

موش صحرایی

αρουραίος

گربه

γάτα

موش

ποντίκι

گاو نر اخته

βόδι

سگ

σκύλος

لانه ی سگ

σπιτάκι σκύλου

شلنگ باغبانی

λάστιχο κήπου

آبپاش

ποτιστήρι

داس دسته بلند

θεριστήρι

گاوآهن

αλέτρι

داس

δρεπάνι

کج بیل

τσάπα

چنگک باغبانی

δίκρανο

تبر

τσεκούρι

فرقون

χειράμαξα

آبشخور

ταΐστρα

بطری نگهداری شیر

δοχείο γάλακτος

کیسه

σάκος

حصار

φράχτης

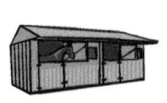

اصطبل

στάβλος

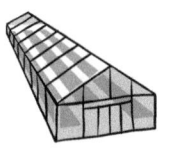

گلخانه

θερμοκήπιο

خاک

έδαφος

بذر

σπόρος

کود

λίπασμα

ماشین کمباین

θεριζοαλωνιστική μηχανή

برداشت کردن محصول

θερίζω

محصول

συγκομιδή

تمیس

γιαμς

گندم

σιτάρι

سویا

σόγια

سیب زمینی

πατάτα

ذرت

καλαμπόκι

کلزا

κράμβη

درخت میوه

οπωροφόρο δέντρο

گیاه مانیوک

μανιόκα

غلات

δημητριακά

# خانه

## σπίτι

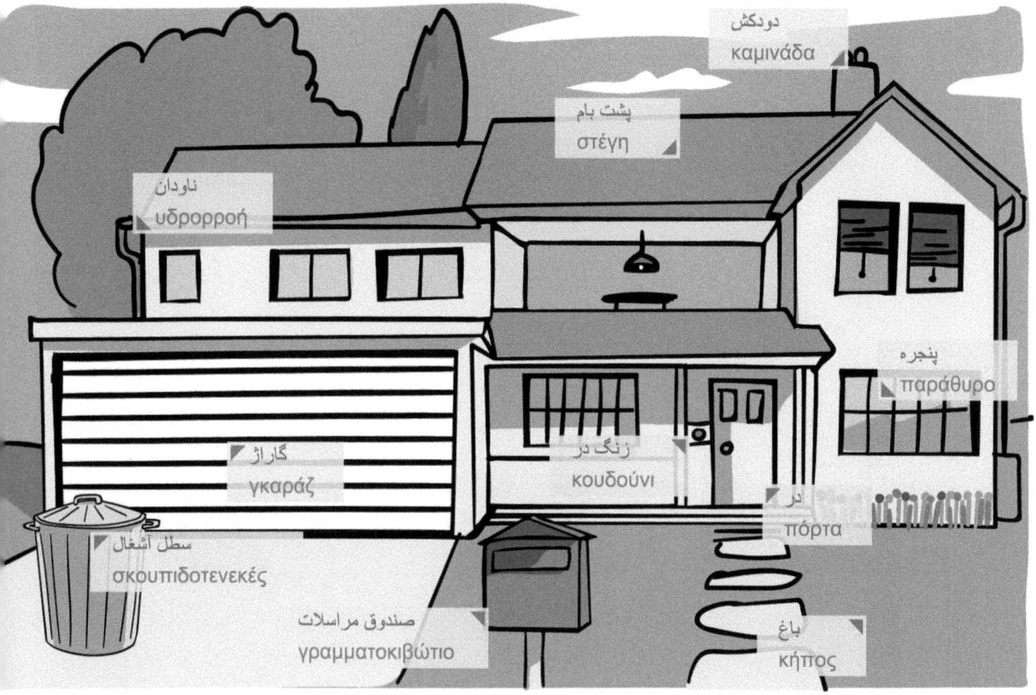

دودکش
καμινάδα
پشت بام
στέγη
ناودان
υδρορροή
پنجره
παράθυρο
گاراژ
γκαράζ
زنگ در
κουδούνι
در
πόρτα
سطل آشغال
σκουπιδοτενεκές
صندوق مراسلات
γραμματοκιβώτιο
باغ
κήπος


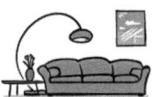

اتاق نشیمن

σαλόνι

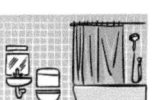

حمام

μπάνιο

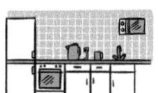

آشپزخانه

κουζίνα

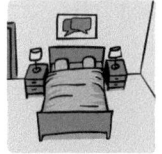

اتاق خواب

υπνοδωμάτιο

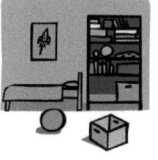

اتاق بچه

παιδικό δωμάτιο

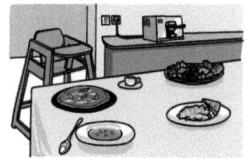

ناهارخوری

τραπεζαρία

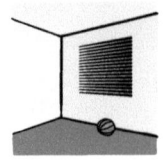

كف زمين
..............
πάτωμα

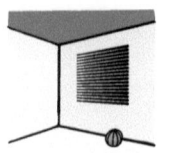

ديوار
..............
τοίχος

سقف
..............
οροφή

زيرزمين
..............
κελάρι

سونا
..............
σάουνα

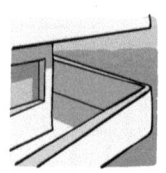

بالكن
..............
μπαλκόνι

تراس
..............
βεράντα

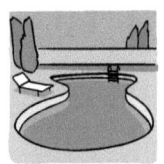

استخر
..............
πισίνα

ماشين چمنزنی
..............
μηχανή του γκαζόν

ملافه
..............
σεντόνι

روتختی
..............
κάλυμμα κρεβατιού

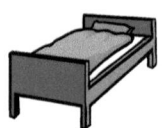

تخت خواب
..............
κρεβάτι

جارو
..............
σκούπα

سطل
..............
κουβάς

سويچ يا كليد
..............
διακόπτης

# اتاق نشیمن
# σαλόνι

کاغذ دیواری
ταπετσαρία
عکس
φωτογραφία
لامپ
λάμπα
قفسه
ράφι
کابینت
ντουλάπι
تلویزیون
τηλεόραση
شومینه
τζάκι
گل
λουλούδι
کوسن
μαξιλάρι
کاناپه
καναπές
گلدان
βάζο
کنترل تلویزیون و ویدئو و غیره
τηλεκοντρόλ


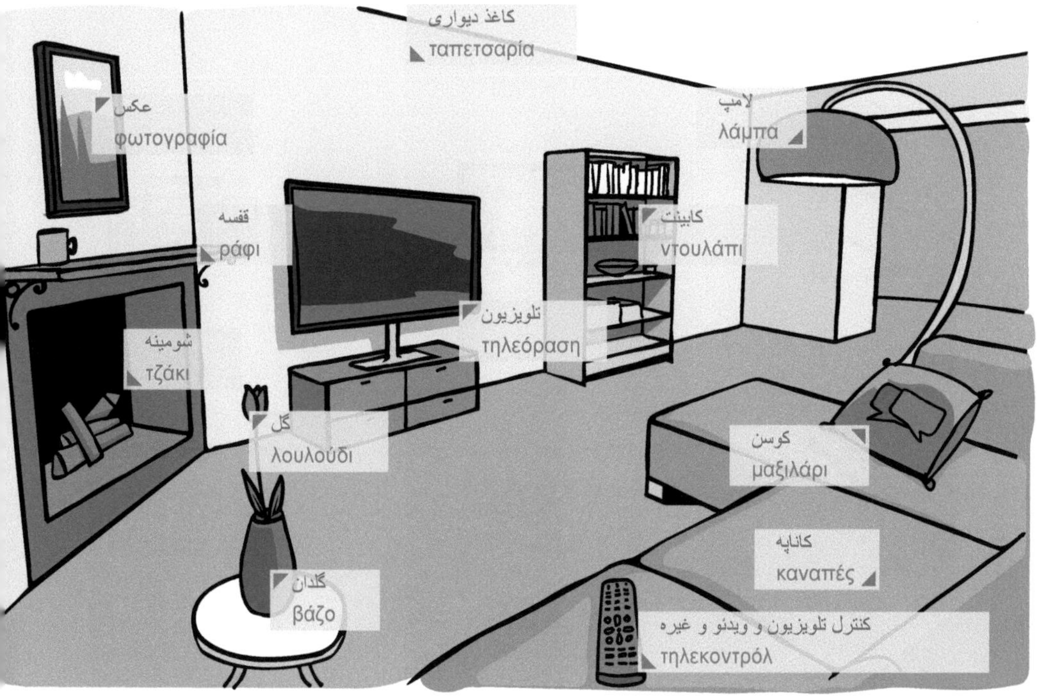

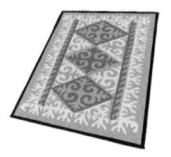

فرش
χαλί

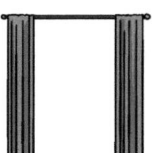

پرده
κουρτίνα

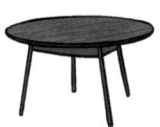

میز
τραπέζι

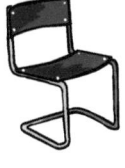

صندلی
καρέκλα

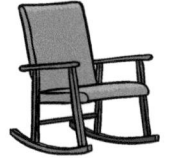

صندلی گهواره ایی
κουνιστή πολυθρόνα

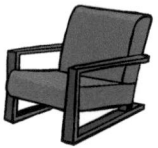

صندلی راحتی
πολυθρόνα

كتاب

βιβλίο

لحاف

κουβέρτα

دکوراسیون

διακόσμηση

هیزم

καυσόξυλα

فیلم

ταινία

دستگاه ضبط صوت

στερεοφωνικό σύστημα

کلید

κλειδί

روزنامه

εφημερίδα

تابلو نقاشی

πίνακας ζωγραφικής

پوستر

αφίσα

رادیو

ραδιόφωνο

دفترچه یادداشت

σημειωματάριο

جاروبرقی

ηλεκτρική σκούπα

کاکتوس

κάκτος

شمع

κερί

# آشپزخانه

# κουζίνα

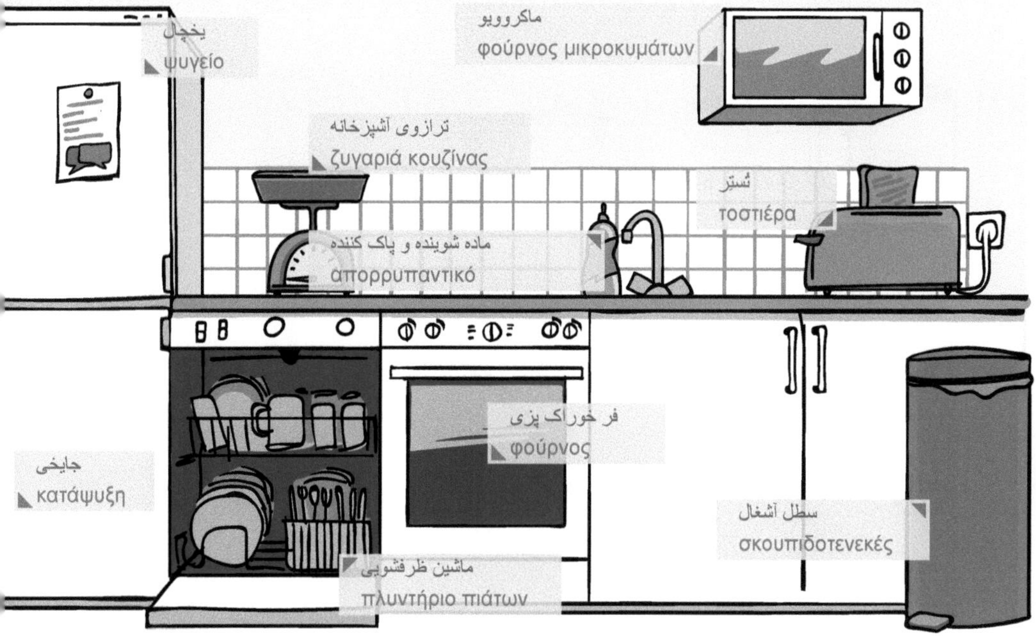

یخچال
ψυγείο
ماکروویو
φούρνος μικροκυμάτων
ترازوی آشپزخانه
ζυγαριά κουζίνας
تُستر
τοστιέρα
ماده شوینده و پاک کننده
απορρυπαντικό
فر خوراک پزی
φούρνος
جایخی
κατάψυξη
سطل آشغال
σκουπιδοτενεκές
ماشین ظرفشویی
πλυντήριο πιάτων


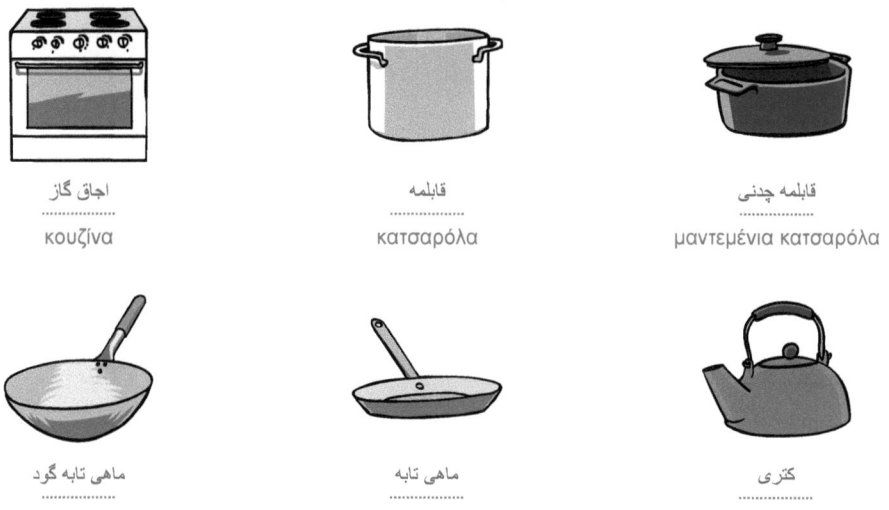

اجاق گاز

κουζίνα

قابلمه

κατσαρόλα

قابلمه چدنی

μαντεμένια κατσαρόλα

ماهی تابه گود

γουόκ/καντάι

ماهی تابه

τηγάνι

کتری

βραστήρας

بخارپز

ατμομάγειρας

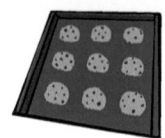

سینی فر

ταψί

ظرف چینی آشپزخانه

πιατικά

لیوان

κούπα

کاسه

μπολ

چاپستیک

ξυλάκια

ملاقه

κουτάλα

کفگیر

σπάτουλα

همزن

ανακατεύω

آبکش

σουρωτήρι

آبکش

σουρωτηράκι

رنده

τρίφτης

هاون

γουδί

باربیکیو

ψησταριά

محل مخصوص افروختن آتش

ανοιχτή φωτιά

تخته گوشت و سبزی

σανίδα κοπής

وردنه

πλάστης

در بطری بازکن

ανοιχτήρι φελλών

قوطی

κονσέρβα

در قوطی بازکن

ανοιχτήρι κονσέρβας

دستگیره پارچه ای

γάντι φούρνου

سینک ظرفشویی

νεροχύτης

برس گردگیری

βούρτσα

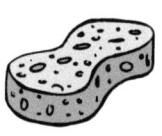

اسفنج

σφουγγάρι

مخلوط کن

μπλέντερ

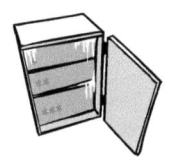

فریزر

καταψύκτης

شیشه شیر بچه

μπιμπερό

شیر آب

βρύση

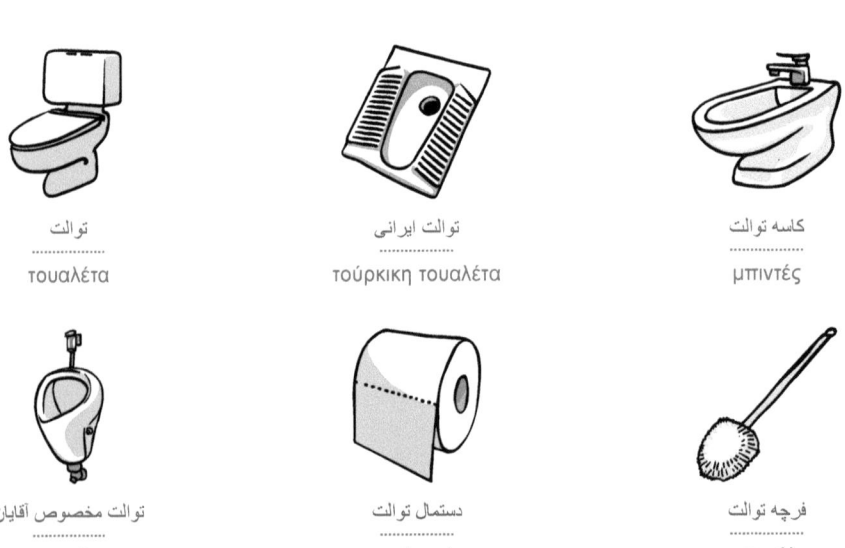

# حمام
# μπάνιο

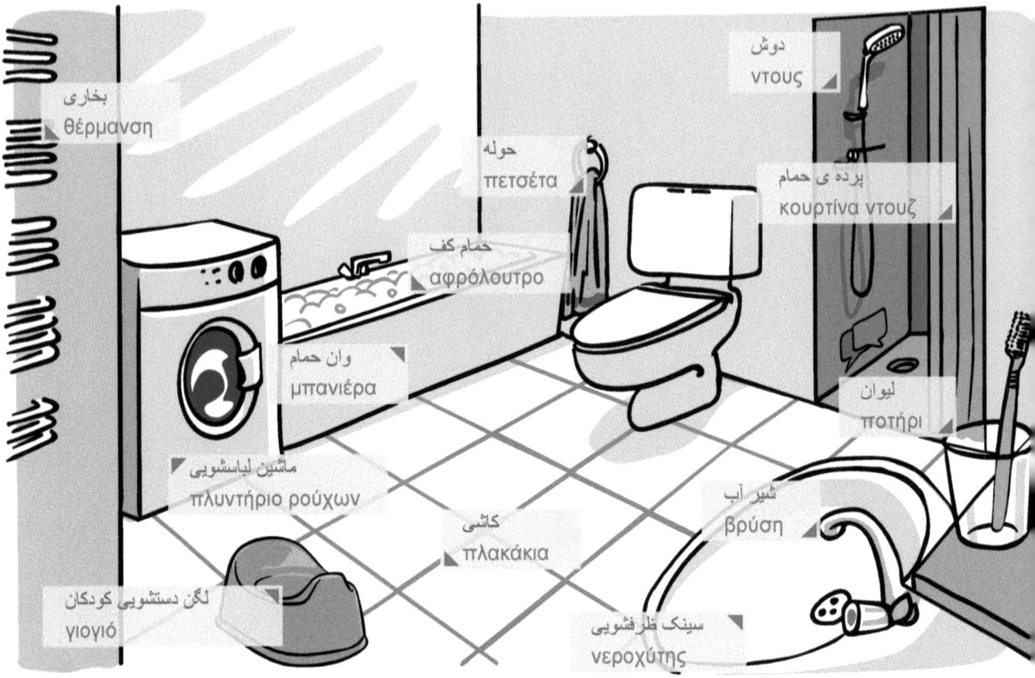

بخاری
θέρμανση
حوله
πετσέτα
دوش
ντους
پرده ی حمام
κουρτίνα ντουζ
حمام کف
αφρόλουτρο
وان حمام
μπανιέρα
لیوان
ποτήρι
ماشین لباسشویی
πλυντήριο ρούχων
شیر آب
βρύση
کاشی
πλακάκια
لگن دستشویی کودکان
γιογιό
سینک ظرفشویی
νεροχύτης


توالت

τουαλέτα

توالت ایرانی

τούρκικη τουαλέτα

کاسه توالت

μπιντές

توالت مخصوص آقایان

ουρητήριο

دستمال توالت

χαρτί υγείας

فرچه توالت

πιγκάλ

مسواک

οδοντόβουρτσα

خمیردندان

οδοντόκρεμα

نخ دندان

οδοντικό νήμα

شُستن

πλένω

دوش آب تلفنى

τηλέφωνο ντους

شلنگ توالت

ντουσιέρα

لگن روشویى

λεκάνη

برس شست و شوى پشت

βούρτσα πλάτης

صابون

σαπούνι

شامپو بدن

αφρόλουτρο

شامپو

σαμπουάν

لیف حمام

φανέλα

راه آب

σιφόνι

کرم

κρέμα

اسپرى دئودورانت

αποσμητικό

آیینه

καθρέφτης

آیینه ی کوچک دستی

καθρέφτης χειρός

تیغ ریش تراشی

ξυραφάκι

کف ریش‌تراشی

αφρός ξυρίσματος

افترشیو

αφτερσέιβ

شانه ی سر

χτένα

برس

βούρτσα

سشوار

σεσουάρ

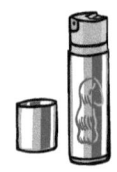

اسپری مو

λακ

آرایش

μακιγιάζ

رژلب

κραγιόν

لاک ناخن

βερνίκι νυχιών

پنبه

βαμβάκι

قیچی ناخن

ψαλίδι νυχιών

عطر

άρωμα

کیف لوازم آرایشی و بهداشتی

νεσεσέρ

چهارپایه

σκαμπό

ترازو

ζυγαριά

حوله ی پالتویی

μπουρνούζι

دستکش ظرفشویی

ελαστικά γάντια

تامپون

ταμπόν

نوار بهداشتی

πετσέτα υγιεινής

توالت سیار

χημική τουαλέτα

# اتاق بچه
# παιδικό δωμάτιο

ساعت زنگدار
ξυπνητήρι
نوعی عروسک نرم به شکل حیوانات
λούτρινο ζωάκι
ماشین اسباب بازی
αυτοκινητάκι
جغجغه
κουδουνίστρα
خانه ی عروسکی
κουκλόσπιτο
کادو
δώρο


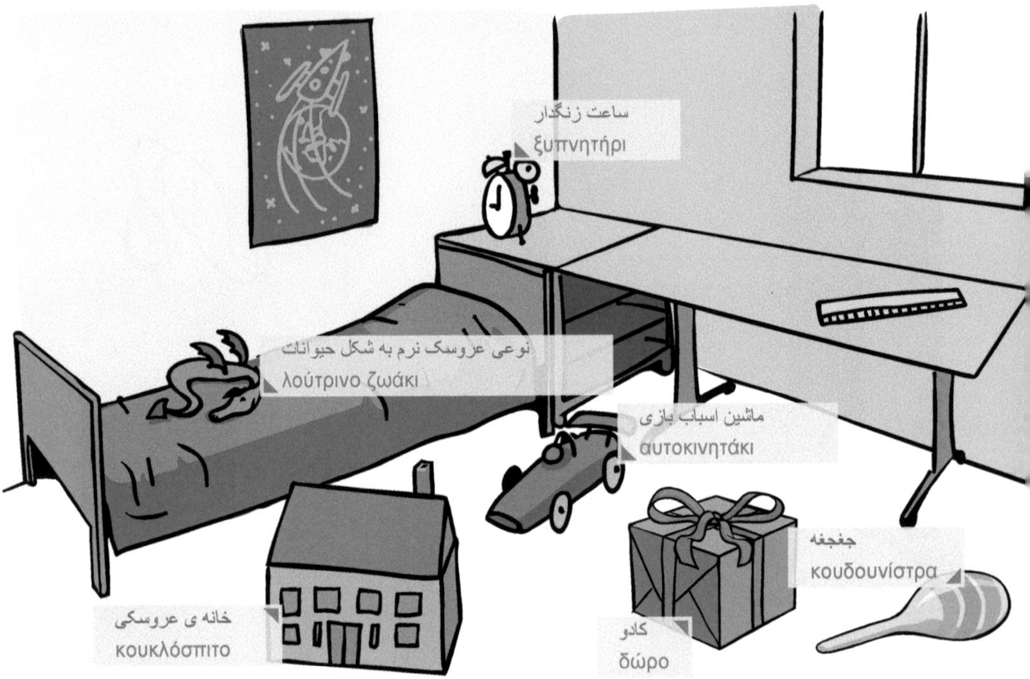

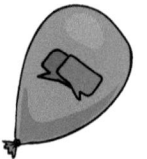

بادکنک
......................
μπαλόνι

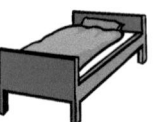

تخت خواب
......................
κρεβάτι

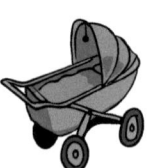

کالسکه بچه
......................
καροτσάκι

بازی ورق
......................
τράπουλα

پازل
......................
παζλ

SUPER
MEGA


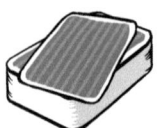

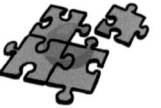

داستان مصور
......................
κόμικς

اسباب بازی لگو

τουβλάκια lego

خانه سازی

τουβλάκια κατασκευών

عروسک شخصیت های فیلم و کارتون

φιγούρα δράσης

لباس نوزاد

βρεφικό φορμάκι

فریزبی

φρίσμπι

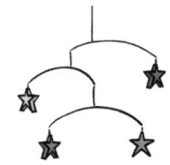

نوعی اسباب بازی که روی تخت نوزاد
یا کودک نصب می شود

μόμπιλο

بازی روی صفحه

επιτραπέζιο παιχνίδι

تاس

ζάρια

قطار اسباب بازی

σετ τρενάκι

پستانک

πιπίλα

مهمانی

πάρτι

کتاب مصور

εικονογραφημένο βιβλίο

توپ

μπάλα

عروسک

κούκλα

بازی کردن

παίζω

جعبه شنی مخصوص بازی کودکان

σκάμμα με άμμο

تاب

κούνια

اسباب بازی

παιχνίδια

کنسول بازی های کامپیوتری

κονσόλα βιντεοπαιχνιδιών

سه چرخه

τρίκυκλο

خرس عروسکی

αρκουδάκι

کمد لباس

ντουλάπα

## لباς

## ρούχα

جوراب

κάλτσες

جوراب زنانه ساق بلند

καλτσοδέτες

جوراب شلواری

καλσόν

شال
κασκόλ

چتر
ομπρέλα

تی شرت
μπλουζάκι

کمربند
ζώνη

کفش ورزشی کتانی
αθλητικά παπούτσια

پوتین
μπότες

دمپایی
παντόφλες

| صندل | کفش | چکمه پلاستیکی |
|---|---|---|
| σανδάλια | παπούτσια | γαλότσες |

| شرت | سوتین | جلیقه |
|---|---|---|
| εσώρουχο | σουτιέν | φανέλα |

بادی

σώμα

شلوار

παντελόνι

جین

τζιν παντελόνι

دامن

φούστα

بلوز

μπλούζα

پیراهن

πουκάμισο

پولیور

πουλόβερ

سویی شرت

πουλόβερ

نوعی کت

σακάκι

ژاکت

μπουφάν

کت بلند

παλτό

بارانی

αδιάβροχο πανωφόρι

لباس نمایش

κοστούμι

لباس

φόρεμα

لباس عروس

νυφικό

كت و شلوار

κοστούμι

لباس خواب زنانه

νυχτικό

پیژامه

πιτζάμες

ساری

σάρι

روسری

μαντήλι

عمامه

τουρμπάνι

برقع

μπούρκα

قبا

καφτάνι

عبا

μουσουλμανικό ένδυμα

لباس شنا

ολόσωμο μαγιό

شرت شنا

ανδρικό μαγιό

شلوارک

σορτς

لباس ورزشی

αθλητική φόρμα

پیشبند

ποδιά

دستکش

γάντια

دکمه

κουμπί

عینک

γυαλιά

دستبند

βραχιόλι

گردنبند

περιδέραιο

انگشتر

δαχτυλίδι

گوشواره

σκουλαρίκι

کلاه لبه دار

καπέλο

چوب لباسی

κρεμάστρα

کلاه

καπέλο

کراوات

γραβάτα

زیپ

φερμουάρ

کلاه ایمنی

κράνος

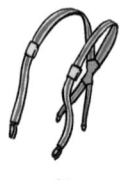

بند شلوار

τιράντες

لباس مدرسه

μαθητική στολή

لباس فرم

στολή

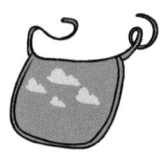

پیش بند بچه

σαλιάρα

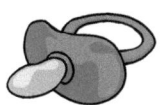

پستانک

πιπίλα

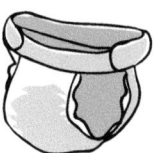

پوشک بچه

πάνα

# اداره

# γραφείο

سرور
σέρβερ
کمد نگهداری پرونده
αρχειοθήκη
چاپگر
εκτυπωτής
کاغذ
χαρτί
مانیتور
οθόνη
میز تحریر
γραφείο
ماوس
ποντίκι
زونکن
ντοσιέ
صفحه کلید
πληκτρολόγιο
سبد کاغذ باطله
καλάθι αχρήστων
کامپیوتر
υπολογιστής
صندلی
καρέκλα


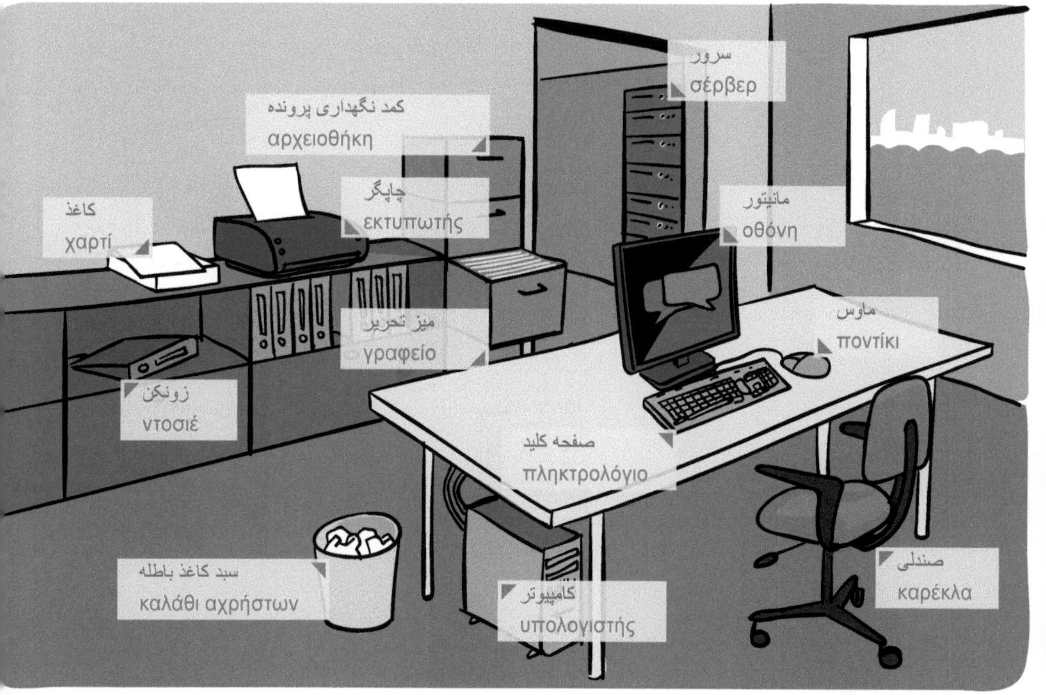

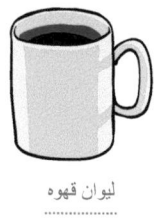

لیوان قهوه

κούπα του καφέ

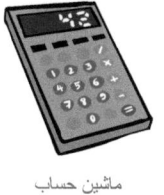

ماشین حساب

κομπιουτεράκι

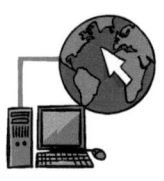

اینترنت

ίντερνετ

لپ تاپ

λάπτοπ

نامه

γράμμα

پیغام

μήνυμα

تلفن همراه

κινητό

شبکه ی ارتباطی

δίκτυο

دستگاه فتوکپی

φωτοτυπικό μηχάνημα

نرم افزار

λογισμικό

تلفن

τηλέφωνο

پریز

πρίζα

دستگاه فاکس

συσκευή φαξ

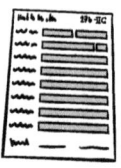

فرم

έντυπο

مدرک

έγγραφο

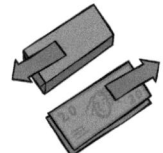

خریدن

αγοράζω

پرداخت کردن

πληρώνω

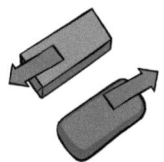

تجارت کردن

συναλλάσσομαι

پول

χρήματα

دلار

δολάριο

یورو

ευρώ

ین

γιεν

روبل

ρούβλι

فرانک سوئیس

ελβετικό φράγκο

یوان رنمینبی

ρενμίνμπι γιουάν

روپیه

ρουπία

دستگاه خودپرداز

ATM (αυτόματη ταμειακή μηχανή)

صرافی

ανταλλακτήρια
συναλλάγματος

طلا

χρυσός

نقره

ασήμι

نفت

πετρέλαιο

انرژی

ενέργεια

قیمت

τιμή

قرارداد

συμβόλαιο

مالیات

φόρος

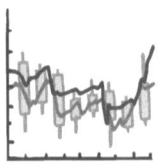

سهام سرمایه

μετοχή

کار کردن

δουλεύω

کارمند

υπάλληλος

کارفرما

εργοδότης

کارخانه

εργοστάσιο

مغازه

κατάστημα

مامور پلیس
**αστυνόμος**

آتش نشان
**πυροσβέστης**

آشپز
**μάγειρας**

دکتر
**γιατρός**

خلبان
**πιλότος**

باغبان
κηπουρός

نجار
ξυλουργός

خیاط زنانه
μοδίστρα

قاضی
δικαστής

شیمیدان
χημικός

خیاط زنانه
μοδίστρα

بازیگر
ηθοποιός

راننده اتوبوس

οδηγός λεωφορείου

راننده تاکسی

ταξιτζής

ماهیگیر

ψαράς

نظافتچی زن

καθαρίστρια

سقف ساز

τεχνίτης στεγών

پیشخدمت رستوران

σερβιτόρος

شکارچی

κυνηγός

نقاش

ζωγράφος

نانوا

αρτοποιός

برقکار

ηλεκτρολόγος

کارگر ساختمانی

οικοδόμος

مهندس

μηχανολόγος

قصاب

κρεοπώλης

لوله کش

υδραυλικός

پستچی

ταχυδρόμος

سرباز

στρατιώτης

معمار

αρχιτέκτονας

صندوقدار

ταμίας

گل فروش

ανθοπώλης

آرایشگر

κομμωτής

مامور کنترل بلیط در قطار

ελεγκτής εισιτηρίων

مکانیک

μηχανικός

ناخدا

καπετάνιος

دندانپزشک

οδοντίατρος

دانشمند

επιστήμονας

عالم یهودی

ραβίνος

امام

ιμάμης

راهب

μοναχός

کشیش

ιερέας

# ابزارآلات
# εργαλεία

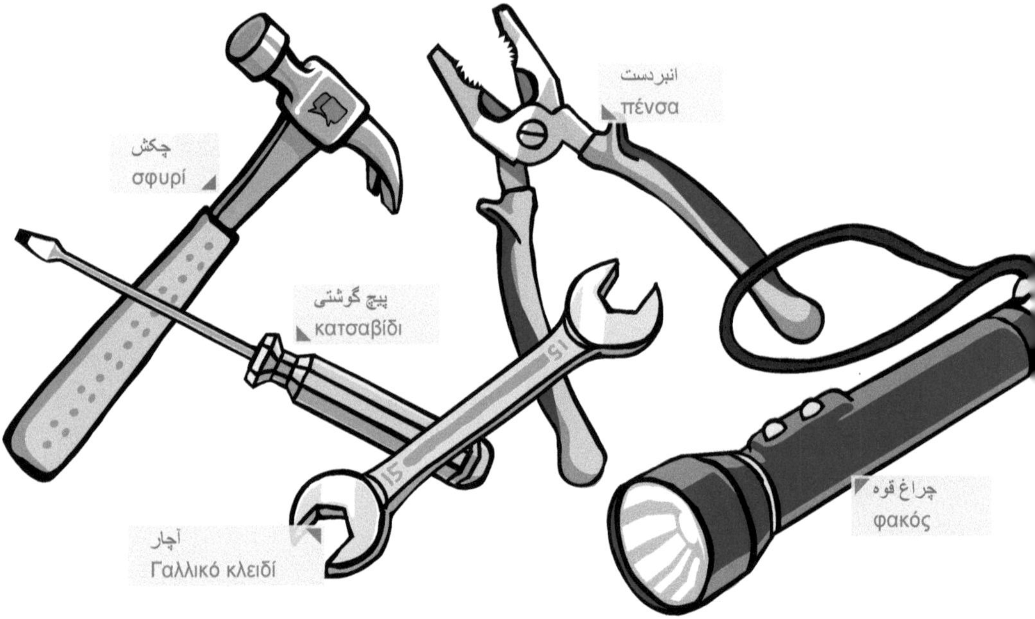
چکش
σφυρί
انبردست
πένσα
پیچ گوشتی
κατσαβίδι
چراغ قوه
φακός
آچار
Γαλλικό κλειδί

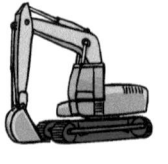

بیل مکانیکی
.................
εκσκαφέας

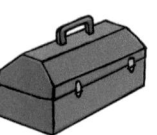

جعبه ابزار
.................
εργαλειοθήκη

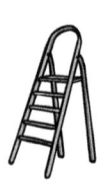

نردبان
.................
σκάλα

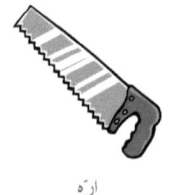

ارّه
.................
πριόνι

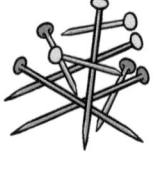

میخ
.................
καρφιά

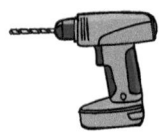

مته
.................
τρυπάνι

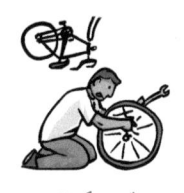

تعمیر کردن

επισκευάζω

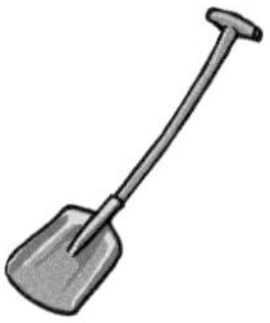

بیل

φτυάρι

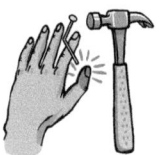

لعنتی!

Να πάρει!

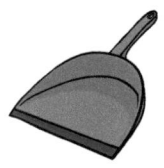

خاک انداز

φαράσι

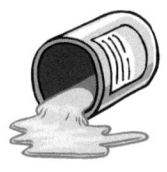

سطل رنگرزی

δοχείο χρωμάτων

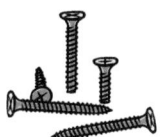

پیچ

βίδες

## آلات موسیقی

## μουσικά όργανα

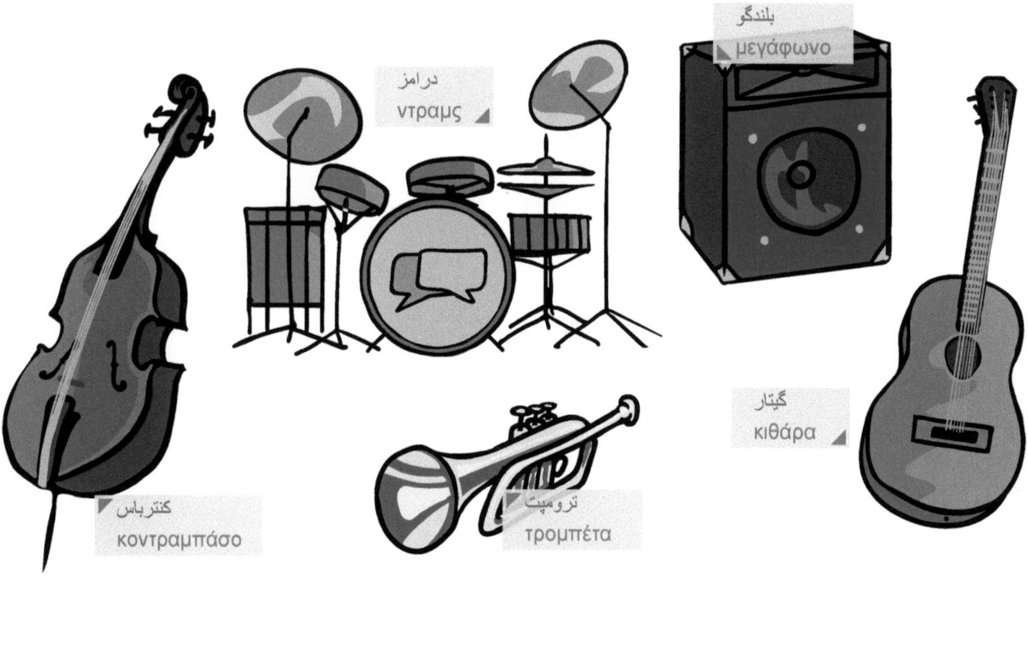
بلندگو
μεγάφωνο
درامز
ντραμς
گیتار
κιθάρα
کنترباس
κοντραμπάσο
ترومپت
τρομπέτα

پیانو

πιάνο

ویولن

βιολί

گیتار بیس

μπάσο

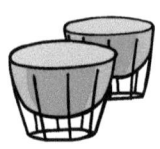

تیمپانی

τύμπανα

طبل

τύμπανο

کیبورد الکتریک

πλήκτρα

ساکسیفون

σαξόφωνο

فلوت

φλάουτο

میکروفون

μικρόφωνο

58    آلات موسیقی - μουσικά όργανα

# باغ وحش
# ζωολογικός κήπος

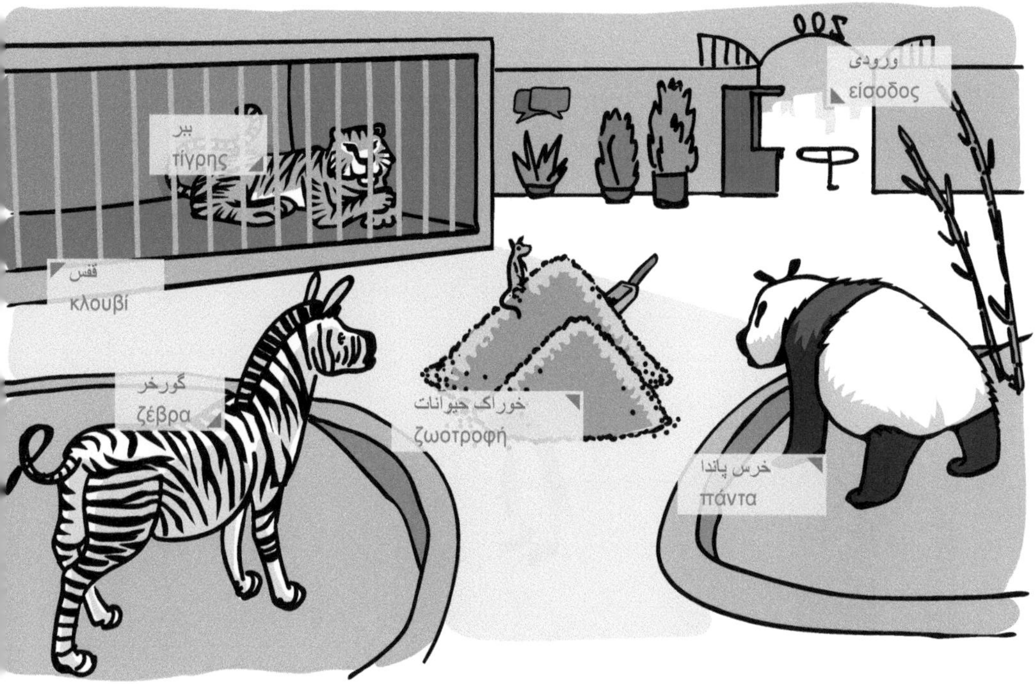

zoo
ورودی
είσοδος
ببر
τίγρης
قفس
κλουβί
گورخر
ζέβρα
خوراک حیوانات
ζωοτροφή
خرس پاندا
πάντα


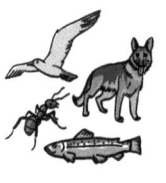

حیوانات

ζώα

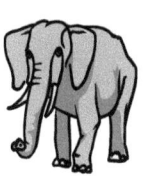

فیل

ελέφαντας

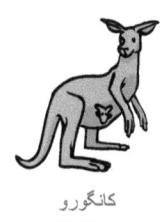

کانگورو

καγκουρό

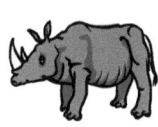

کرگدن

ρινόκερος

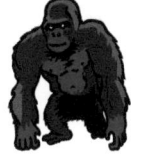

گوریل

γορίλας

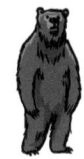

خرس

αρκούδα

شتر

καμήλα

شترمرغ

στρουθοκάμηλος

شیر

λιοντάρι

میمون

πίθηκος

فلامینگو

φλαμίνγκο

طوطی

παπαγάλος

خرس قطبی

πολική αρκούδα

پنگوئن

πιγκουίνος

کوسه

καρχαρίας

طاووس

παγώνι

مار

φίδι

تمساح

κροκόδειλος

نگهبان باغ وحش

φύλακας ζωολογικού κήπου

خوک آبی

φώκια

پلنگ امریکایی

τζάγκουαρ

اسب کوچک

πόνυ

پلنگ

λεοπάρδαλη

اسب آبی

ιπποπόταμος

زرافه

καμηλοπάρδαλη

عقاب

αετός

گراز

αγριογούρουνο

ماهی

ψάρι

لاک پشت

χελώνα

شیرماهی

θαλάσσιος ίππος

روباه

αλεπού

غزال

γαζέλα

فوتبال آمریکایی
Αμερικάνικο ποδόσφαιρο

دوچرخه سواری
ποδηλασία

تنیس
αντισφαίριση

بسکتبال
μπάσκετ

شنا
κολύμβηση

بوکس
πυγχαμία

هاکی روی یخ
χόκεϊ επί πάγου

فوتبال
ποδόσφαιρο

بدمینتون
μπάντμιντον

دوومیدانی
στίβος

هندبال
χάντμπολ

اسکی
σκι

پولو
πόλο

# فعالیت ها

# δραστηριότητες

خندیدن
γελάω
پریدن
πηδάω
بغل کردن
αγκαλιάζω
راه رفتن
περπατάω
آواز خواندن
τραγουδάω
رؤیا دیدن
ονειρεύομαι
دعا کردن
προσεύχομαι
بوسیدن
φιλάω


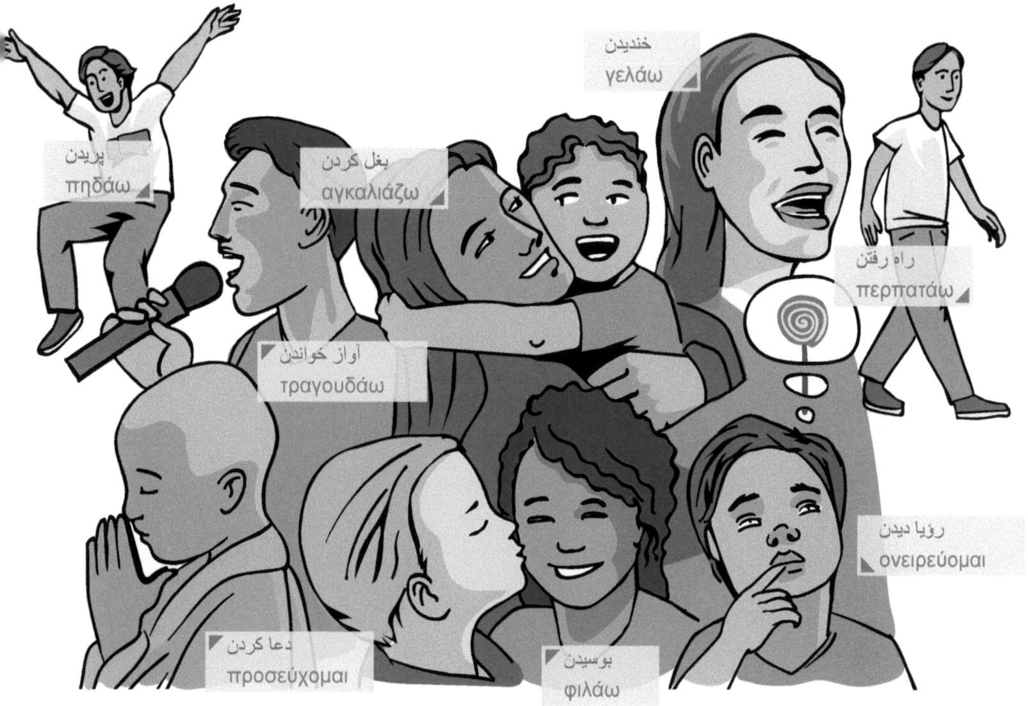

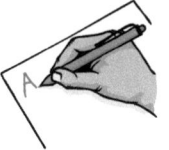

نوشتن

γράφω

رسم کردن

σχεδιάζω

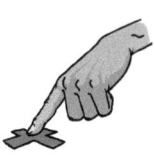

نشان دادن

δείχνω

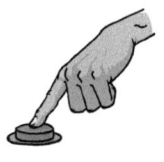

هل دادن

πιέζω

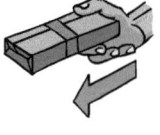

دادن

δίνω

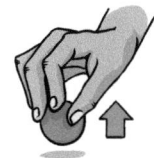

برداشتن

παίρνω

داشتن
έχω

انجام دادن
κάνω

بودن
είμαι

ایستادن
στέκομαι

دویدن
τρέχω

کشیدن
τραβάω

پرتاب کردن
ρίχνω

افتادن
πέφτω

دراز کشیدن
ξαπλώνω

منتظر بودن
περιμένω

حمل کردن
κουβαλώ

نشستن
κάθομαι

لباس پوشیدن
φοράω

خوابیدن
κοιμάμαι

بیدار شدن
ξυπνάω

تماشا کردن

κοιτάω

گریه کردن

κλαίω

نوازش کردن

χαϊδεύω

شانه کردن

χτενίζω

حرف زدن

μιλάω

فهمیدن

καταλαβαίνω

پرسیدن

ρωτάω

شنیدن

ακούω

آشامیدن

πίνω

خوردن

τρώω

مرتب کردن

συγυρίζω

عاشق بودن

αγαπάω

پختن

μαγειρεύω

رانندگی کردن

οδηγώ

پرواز کردن

πετάω

قایقرانی کردن

κάνω ιστιοπλοΐα

محاسبه کردن

υπολογίζω

خواندن

διαβάζω

یاد گرفتن

μαθαίνω

کار کردن

δουλεύω

ازدواج کردن

παντρεύομαι

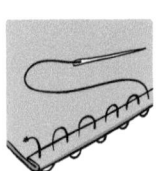

دوختن

ράβω

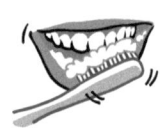

مسواک زدن

βουρτσίζω τα δόντια

کشتن

σκοτώνω

سیگار کشیدن

καπνίζω

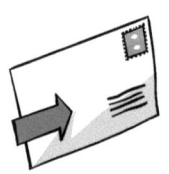

فرستادن

στέλνω

# οικογένεια

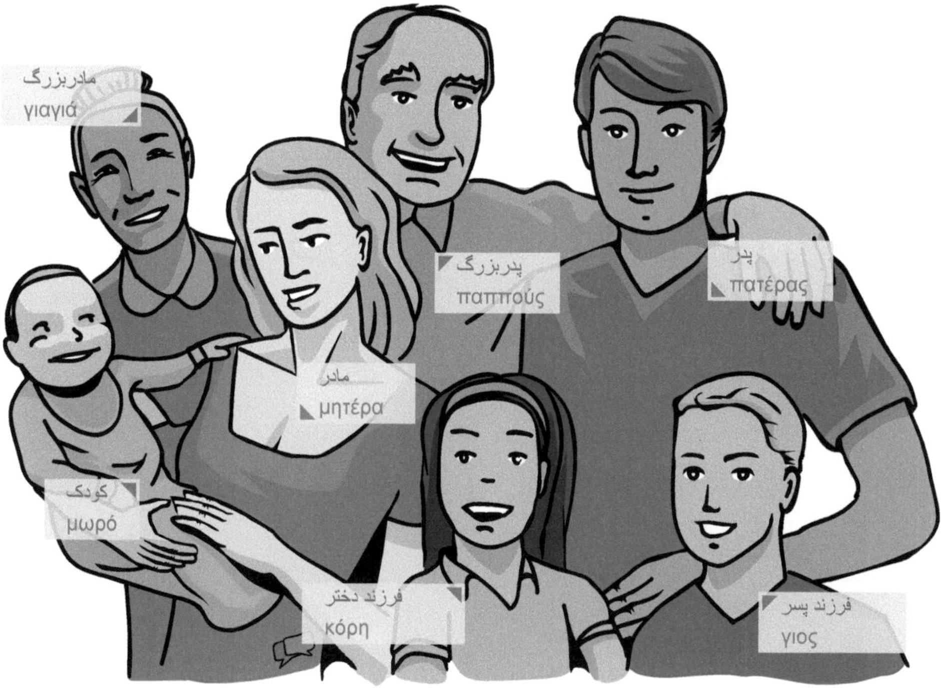
مادربزرگ
γιαγιά
پدربزرگ
παππούς
پدر
πατέρας
مادر
μητέρα
کودک
μωρό
فرزند دختر
κόρη
فرزند پسر
γιος

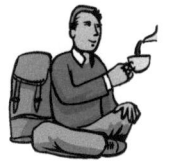

مهمان

καλεσμένος

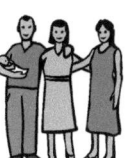

خاله، عمه

θεία

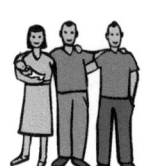

دایی، عمو

θείος

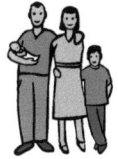

برادر

αδελφός

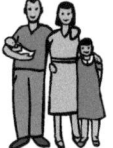

خواهر

αδελφή

# بدن

# σώμα

پیشانی
μέτωπο
چشم
μάτι
شانه
ώμος
انگشت دست
δάχτυλο
صورت
πρόσωπο
چانه
πιγούνι
دست
χέρι
ساق پا
πόδι
سینه
στήθος
بازو
βραχίονας

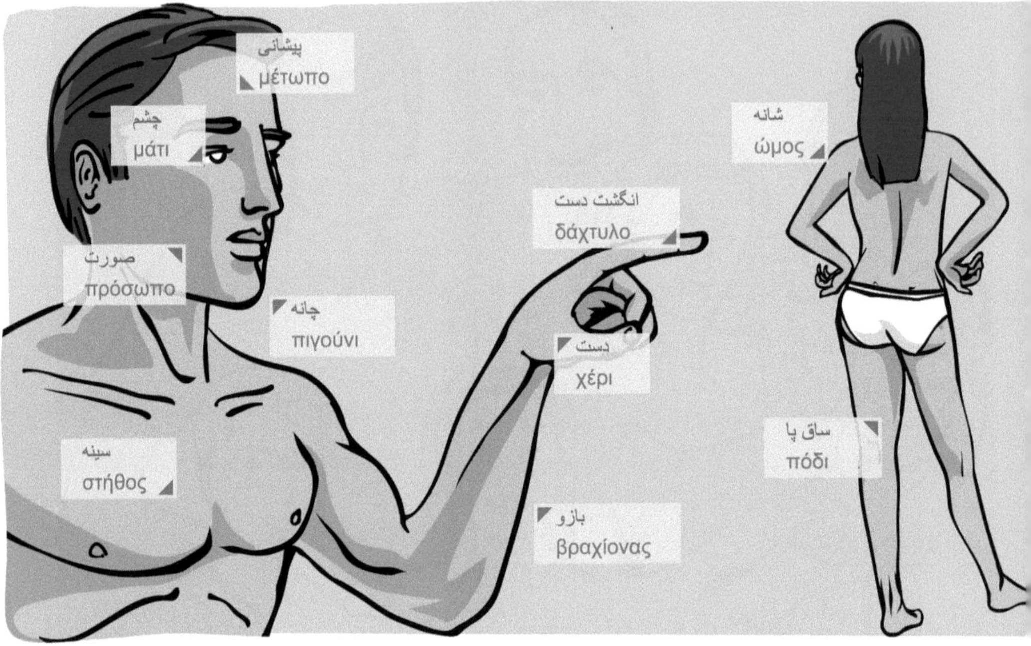

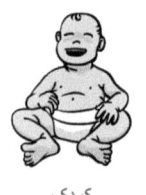

کودک

μωρό

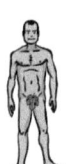

مرد

άνδρας

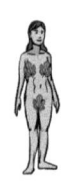

زن

γυναίκα

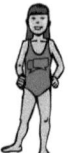

دختربچه

κορίτσι

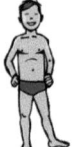

پسربچه

αγόρι

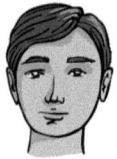

کله

κεφάλι

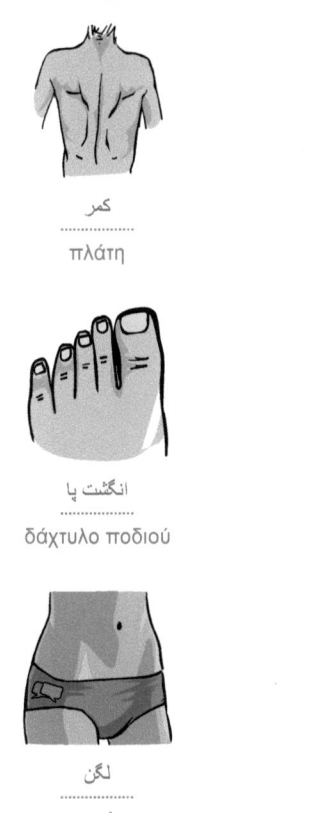

کمر

πλάτη

شکم

κοιλιά

ناف

αφαλός

انگُشت پا

δάχτυλο ποδιού

پاشنه

φτέρνα

استخوان

κόκκαλο

لگَن

γοφός

زانو

γόνατο

آرنج

αγκώνας

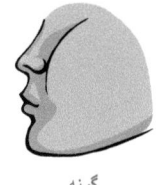

بینی

μύτη

نشیمنگاه

γλουτός

پوست

δέρμα

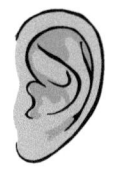

گونه

μάγουλο

گوش

αυτί

لب

χείλος

دهان

στόμα

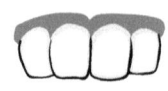

دندان

δόντι

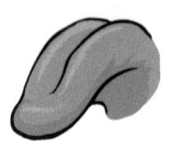

زبان

γλώσσα

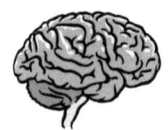

مغز

εγκέφαλος

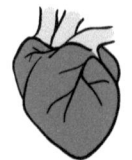

قلب

καρδιά

عضله

μυς

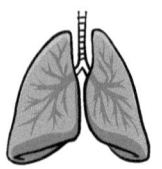

ریه

πνεύμονας

کبد

συκώτι

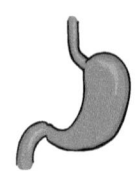

معده

στομάχι

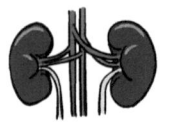

کلیه

νεφρά

آمیزش جنسی

σεξουαλική επαφή

کاندوم

προφυλακτικό

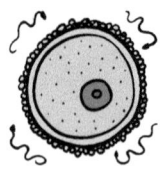

تخمک

ωάριο

اسپرم

σπέρμα

حاملگی

εγκυμοσύνη

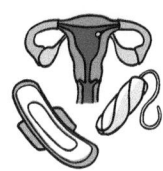

پریود

περίοδος

واژن

γυναικείος κόλπος

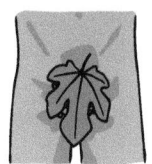

آلت تناسلی مرد

πέος

ابرو

φρύδι

مو

μαλλιά

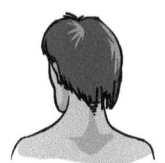

گردن

λαιμός

# بیمارستان
# νοσοκομείο

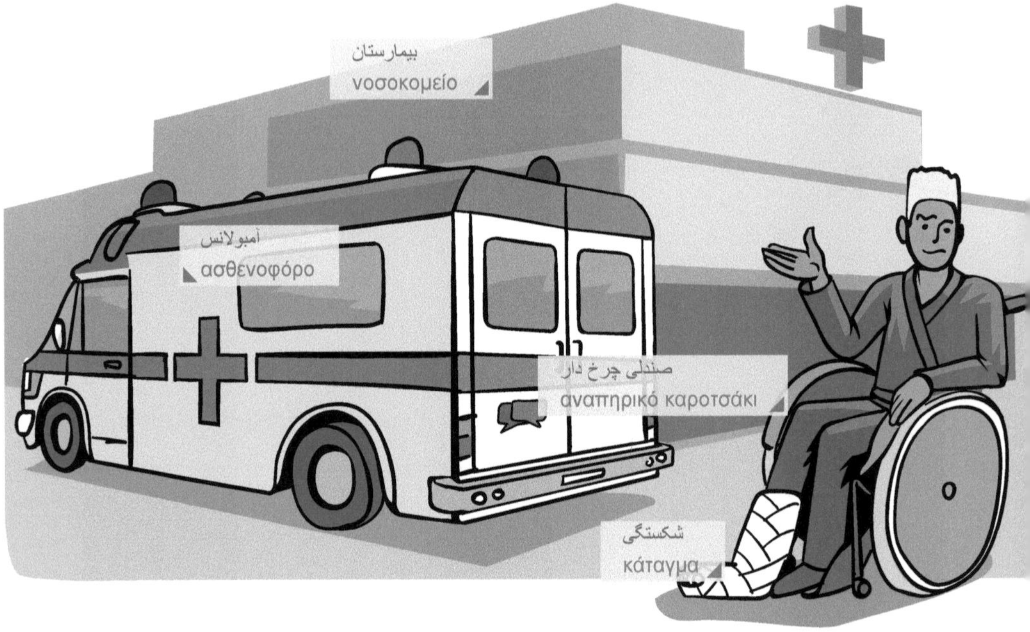

بیمارستان
νοσοκομείο
آمبولانس
ασθενοφόρο
صندلی چرخ دار
αναπηρικό καροτσάκι
شکستگی
κάταγμα


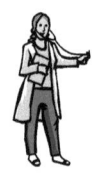

دکتر

γιατρός

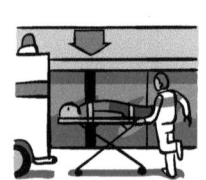

بخش اورژانس

μονάδα εντατικής θεραπείας

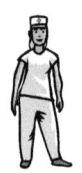

پرستار

νοσοκόμα

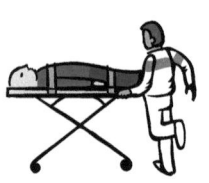

موقعیت اضطراری

έκτακτη ανάγκη

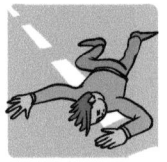

بی هوش

λιπόθυμος

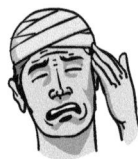

درد

πόνος

مصدومیت

τραύμα

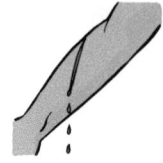

خونریزی

αιμορραγία

سکته قلبی

έμφραγμα

سکته مغزی

εγκεφαλικό

آلرژی

αλλεργία

سرفه

βήχας

تب

πυρετός

آنفولانزا

γρίπη

اسهال

διάρροια

سردرد

πονοκέφαλος

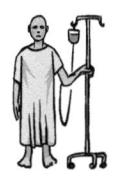

سرطان

καρκίνος

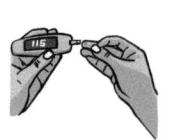

دیابت

διαβήτης

جراح

χειρουργός

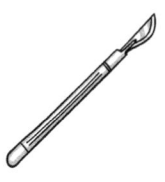

چاقوی جراحی

νυστέρι

عمل جراحی

εγχείρηση

سی تی اسکن

αξονική τομογραφία

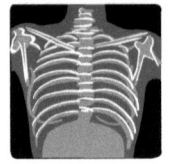

پرتونگاری

ακτινογραφία

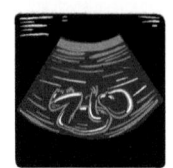

سونوگرافی

υπέρηχος

ماسک صورت

μάσκα

بیماری

ασθένεια

اتاق انتظار

αίθουσα αναμονής

چوب زیر بغل

πατερίτσα

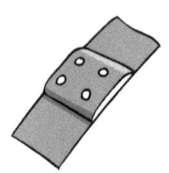

چسب زخم

χάνσαπλαστ

پانسمان

επίδεσμος

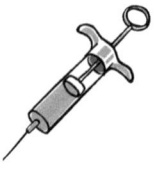

تزریق

ένεση

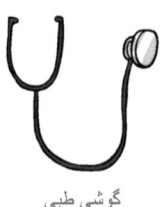

گوشی طبی

στηθοσκόπιο

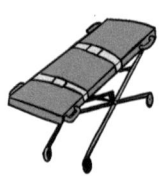

برانکار

φορείο

دماسنج

θερμόμετρο

زایش

γέννηση

اضافه وزن

υπέρβαρο

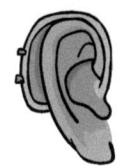

سمعک

ακουστικό βαρηκοΐας

ماده ضد غفونی کننده

αντισηπτικό

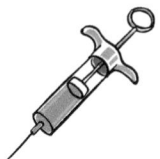

عفونت

λοίμωξη

ویروس

ιός

اچ آی وی / ایدز

HIV/AIDS

دارو

φάρμακο

واکسیناسیون

εμβολιασμός

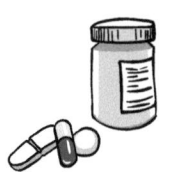

قرص

δισκία

قرص ضد حاملگی

χάπι

تماس اظطراری

κλήση έκτακτης ανάγκης

دستگاه اندازه گیری فشارخون

πιεσόμετρο αίματος

مریض / سالم

άρρωστος / υγιής

| | | |
|---|---|---|
| کمک! |  أژیر خطر |  حمله |
| Βοήθεια! | συναγερμός | βιαιοπραγία |
|  حمله ی فیزیکی |  خطر |  خروج اظطراری |
| επίθεση | κίνδυνος | έξοδος κινδύνου |
|  آتش |  کپسول آتش‌نشانی |  تصادف |
| Φωτιά! | πυροσβεστήρας | ατύχημα |
| 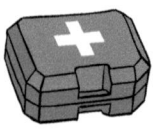 جعبه کمک های اولیه |  درخواست کمک |  پلیس |
| κουτί πρώτων βοηθειών | SOS | αστυνομία |

اروپا

Ευρώπη

آمریکای شمالی

Βόρεια Αμερική

آمریکای جنوبی

Νότια Αμερική

آفریقا

Αφρική

آسیا

Ασία

استرالیا

Αυστραλία

اقیا نوس اطلس

Ατλαντικός Ωκεανός

اقیانوس آرام

Ειρηνικός Ωκεανός

اقیانوس هند

Ινδικός Ωκεανός

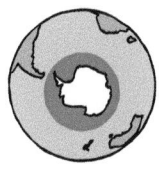

اقیا نوس اطلس جنوبی

Ανταρκτικός Ωκεανός

اقیانوس منجمد شمالی

Αρκτικός Ωκεανός

قطب شمال

Βόρειος Πόλος

قطب جنوب

Νότιος Πόλος

قاره قطب جنوب

Ανταρκτική

کره زمین

Γη

سرزمین

γη

دریا

θάλασσα

جزیره

νησί

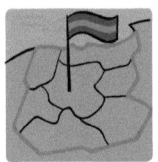

ملت

έθνος

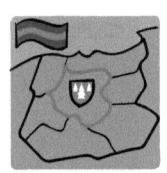

کشور

πολιτεία

صفحه ى ساعت

καντράν ρολογιού

ساعت شمار

ωροδείκτης

دقیقه شمار

λεπτοδείκτης

ثانیه شمار

δείκτης δευτερολέπτων

ساعت چند است؟

Τι ώρα είναι;

روز

ημέρα

زمان

χρόνος

اکنون

τώρα

ساعت دیجیتال

ψηφιακό ρολόι

دقیقه

λεπτό

ساعت

ώρα

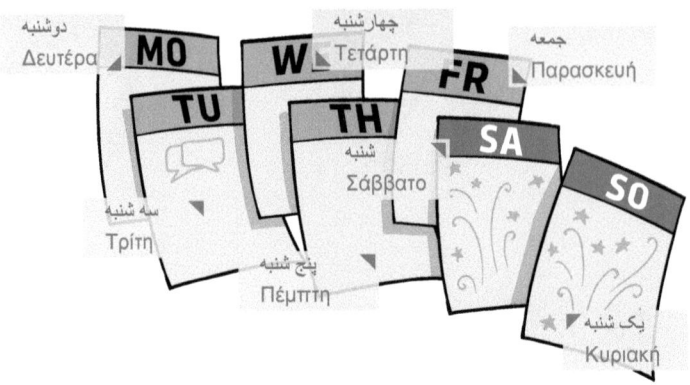

دوشنبه
Δευτέρα — MO

چهارشنبه
Τετάρτη — W

جمعه
Παρασκευή — FR

TU

TH

شنبه
Σάββατο — SA

SO

سه شنبه
Τρίτη

پنج شنبه
Πέμπτη

یک شنبه
Κυριακή

دیروز
χθες

امروز
σήμερα

فردا
αύριο

صبح
πρωί

ظهر
μεσημέρι

غروب
βράδυ

روزهای کاری
εργάσιμες ημέρες

آخر هفته
Σαββατοκύριακο

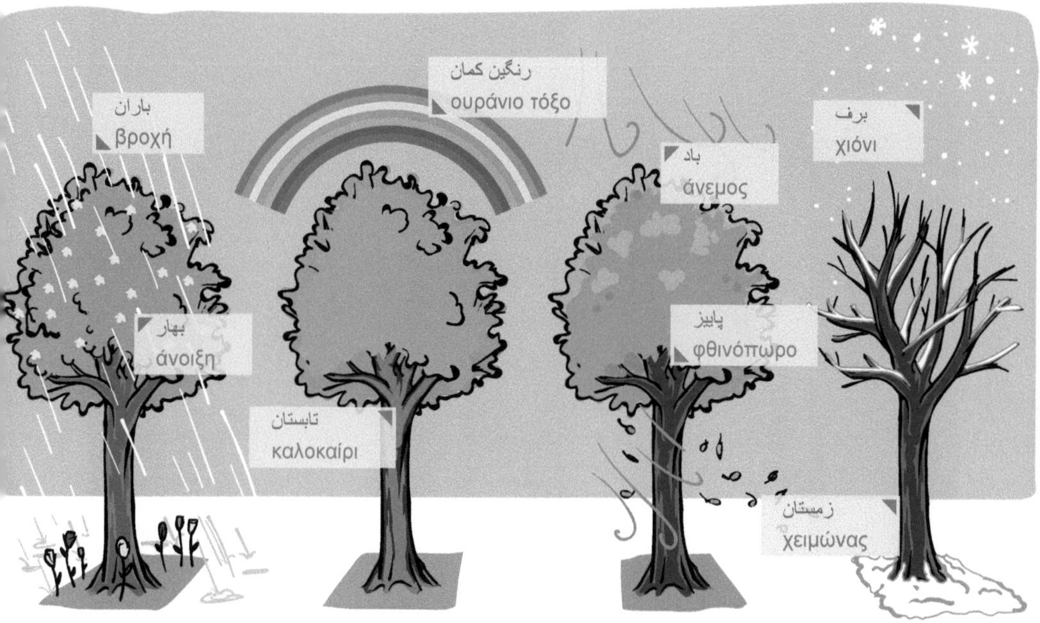

باران
βροχή
رنگین کمان
ουράνιο τόξο
برف
χιόνι
باد
άνεμος
بهار
άνοιξη
پاییز
φθινόπωρο
تابستان
καλοκαίρι
زمستان
χειμώνας

4.APRIL 11°
5.APRIL 4°
6.APRIL 13°
7.APRIL 8°
8.APRIL 10°

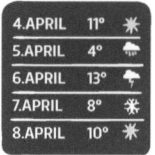

پیش‌بینی اوضاع جوی
πρόγνωση καιρού

F C
120 40
90 30
60 20
30 10
0 0
-30 -10
-20

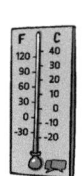

دماسنج
θερμόμετρο

تابش آفتاب
λιακάδα

ابر
σύννεφο

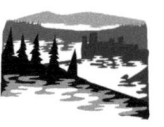

مِه
ομίχλη

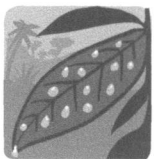

رطوبت هوا
υγρασία

صاعقه

αστραπή

آسمان غره

κεραυνός

طوفان

καταιγίδα

تگرگ

χαλάζι

باد موسمی

μουσώνας

سیل

πλημμύρα

یخ

πάγος

ژانویه

Ιανουάριος

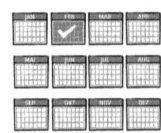

فوریه

Φεβρουάριος

مارس

Μάρτιος

آوریل

Απρίλιος

مه

Μάιος

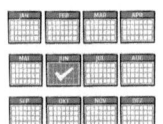

ژوئن

Ιούνιος

ژوئیه

Ιούλιος

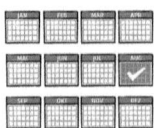

آگوست

Αύγουστος

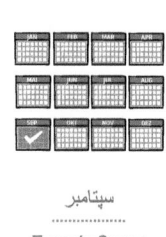

سپتامبر

Σεπτέμβριος

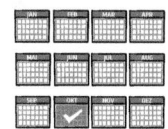

اکتبر

Οκτώβριος

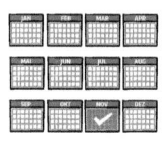

نوامبر

Νοέμβριος

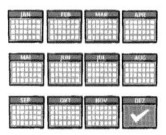

دسامبر

Δεκέμβριος

دایره

κύκλος

مربع

τετράγωνο

مستطیل

ορθογώνιο
παραλληλόγραμμο

سه گوش

τρίγωνο

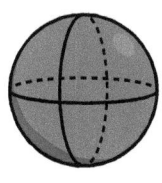

گره

σφαίρα

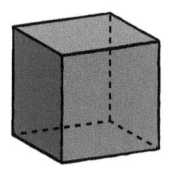

مکعب مربع

κύβος

سفید

άσπρο

زرد

κίτρινο

نارنجی

πορτοκαλί

صورتی

ροζ

قرمز

κόκκινο

بنفش

μωβ

آبی

μπλε

سبز

πράσινο

قهوه ای

καφέ

خاکستری

γκρι

سیاه

μαύρο

خیلی / کم

πολύ / λίγο

خشمگین/ آرام

θυμωμένος / ήρεμος

زیبا / زشت

όμορφος / άσχημος

شروع / پایان

αρχή / τέλος

بزرگ / کوچک

μεγάλος / μικρός

روشن / تیره

φωτεινός / σκοτεινός

برادر / خواهر

αδελφός / αδελφή

تمیز / آلوده

καθαρός / λερωμένος

کامل / ناقص

πλήρης / ατελής

روز / شب

ημέρα / νύχτα

مرده / زنده

νεκρός / ζωντανός

پهن / باریک

φαρδύς / στενός

قابل خوردن / غیر قابل خوردن

βρώσιμος / μη βρώσιμος

غضبناک / مهربان

κακός / ευγενικός

هیجان زده / بی حوصله

ενθουσιασμένος /
βαριεστημένος

چاق / لاغر

παχύς / λεπτός

اولین / آخرین

πρώτος / τελευταίος

دوست / دشمن

φίλος / εχθρός

پر / خالی

γεμάτος / άδειος

سفت / نرم

σκληρός / μαλακός

سنگین / سبک

βαρύς / ελαφρύς

گرسنگی / تشنگی

πείνα / δίψα

مریض / سالم

άρρωστος / υγιής

غیرقانونی / قانونی

παράνομος / νόμιμος

باهوش / خنگ

έξυπνος / χαζός

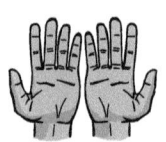

چپ / راست

αριστερός / δεξιός

نزدیک / دور

κοντινός / μακρινός

نو / استفاده شده

καινούριος /
μεταχειρισμένος

هیچ چیز / چیزی

τίποτα / κάτι

پیر / جوان

γέρος | νέος

روشن / خاموش

αναμμένος / σβηστός

باز / بسته

ανοιχτός / κλειστός

آهسته / بلند

χαμηλόφωνος /
μεγαλόφωνος

ثروتمند / فقیر

πλούσιος / φτωχός

درست / غلط

σωστός / λανθασμένος

زبر / صاف

τραχύς / λείος

غمگین / خوشحال

λυπημένος / χαρούμενος

کوتاه / بلند

κοντός / μακρύς

کند / تند

αργός / γρήγορος

تر / خشک

υγρός / στεγνός

گرم / خنک

ζεστός / δροσερός

جنگ / صلح

πόλεμος / ειρήνη

| **0** | **1** | **2** |
|:---:|:---:|:---:|
| صفر | یک | دو |
| μηδέν | ένα | δύο |

| **3** | **4** | **5** |
|:---:|:---:|:---:|
| سه | چهار | پنج |
| τρία | τέσσερα | πέντε |

| **6** | **7** | **8** |
|:---:|:---:|:---:|
| شش | هفت | هشت |
| έξι | εφτά | οκτώ |

| **9** | **10** | **11** |
|:---:|:---:|:---:|
| نه | دَه | یازده |
| εννιά | δέκα | έντεκα |

# 12
دوازده
δώδεκα

# 13
سیزده
δεκατρία

# 14
چهارده
δεκατέσσερα

# 15
پانزده
δεκαπέντε

# 16
شانزده
δεκαέξι

# 17
هفده
δεκαεφτά

# 18
هجده
δεκαοκτώ

# 19
نوزده
δεκαεννέα

# 20
بیست
είκοσι

# 100
صد
εκατό

# 1.000
هزار
χίλια

# 1.000.000
میلیون
εκατομμύριο

انگلیسی

Αγγλικά

انگلیسی آمریکایی

Αμερικάνικα Αγγλικά

چینی ماندارین

Μανδαρίνικα Κινέζικα

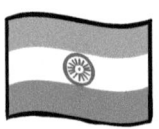

هندی

Χίντι

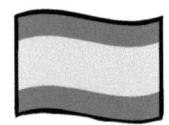

اسپانیایی

Ισπανικά

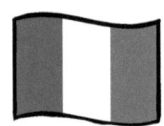

فرانسوی

Γαλλικά

عربی

Αραβικά

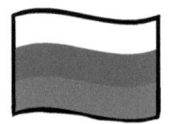

روسی

Ρώσικα

پرتغالی

Πορτογαλικά

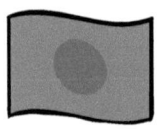

بنگالی

Μπενγκάλι

آلمانی

Γερμανικά

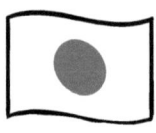

ژاپنی

Ιαπωνικά

من
εγώ

تو
εσύ

او
αυτός / αυτή / αυτό

ما
εμείς

شما
εσείς

أنها
αυτοί / αυτές / αυτά

چه کسی؟ کی؟
ποιος / ποια / ποιο;

چی؟
τι;

چگونه؟
πώς;

کجا؟
πού;

کی؟
πότε;

نام
όνομα

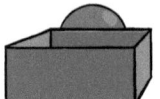

پشت

πίσω

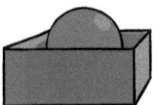

توی

μέσα

جلو

μπροστά

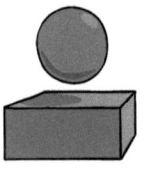

بالای

πάνω από

روی

πάνω

زیر

κάτω

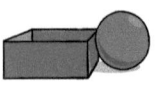

مجاور

δίπλα

بین

ανάμεσα

مکان

μέρος